· 처음북스의 책들 ·
www.cheombooks.net

빅데이터 베이스볼
머니볼을 넘어선 머니볼

트래비스 소칙 지음 · 이창섭 옮김

강정호를 스타우트한 팀 피츠버그 파이어리츠! 20년간 승률이 5할도 안 되던 팀이 빅데이터 분석법을 받아들인 후에 전체 메이저리그 승률 2위 팀이 되었다. 야구에서 빅데이터는 어떤 마술을 부리는가?

P53, 암의 비밀을 풀어낸 유전자
암과의 전쟁에서 드디어 승기를 잡다

수 암스트롱 지음 · 조미라 옮김

수십 년의 연구 끝에 드디어 실마리가 되는 유전자 p53을 찾아냈다. p53은 이상 증식하는 세포(암)를 자살하도록 유도한다. 이 유전자가 돌연변이를 일으키거나 제대로 기능하지 못할 때 암이 발생한다. 이제 암과의 전쟁에서 어떻게 승리할 수 있을지 알아본다.

위(oui) 셰프
세상에서 가장 뜨거운 셰프의 24시간

마이클 기브니 지음 · 이화란 옮김

숙취 때문에 힘든 요리사 대신 생선 파트를 맡아 요리하고, 치우고, 주문서를 보고, 또 요리한다. 14시간을 일했는데 내일은 더 일찍 출근해야 한다. 직원들 급여도 계산해야 한다. 하지만 쉴 틈 없이 달려나가야 한다. 우리는, 수석 셰프니까.

인간은 왜 세균과 공존해야 하는가

마틴 블레이저 지음 · 서자영 옮김

어렸을 때, 단 한 번의 항생제 사용으로도 우리 몸의 미생물계는 크게 타격을 입는다. 사라진 미생물은 천식, 비만, 당뇨 등의 현대병이 늘어나는 중요 요인이라고 이 책은 주장한다. 항생제가 남용되고 있는 시점과 현대병이 늘어나고 있는 시점이 겹친다는 것은 과연 우연일까?

통증에 대한 거의 모든 것
음식, 운동, 습관, 약물, 치료로 통증 극복하기

해더 틱 지음 · 이현숙 옮김

인간을 이해하면 통증은 치료된다. 닥터 틱은 건강에 초점을 맞춘 새로운 통증 관리 방식을 제시한다. 이 책의 목적은 현실적이며 고무적인, 통증 없는 인생에 대한 처방이다.

이것이 진짜 메이저리그다

제이슨 켄달, 리 저지 지음 · 이창섭 옮김

하나의 투구는 결투가 되고, 한 번의 타격은 스토리가 된다.
투수가 언제 타자를 향해 공을 던지고, 타자는 왜 투수에게 달려드는가? 야구장 밖에서는 알 수 없는 메이저리그의 생생한 진짜 이야기.

두뇌혁명 30일

리차드 카모나 지음 · 이선경 옮김

미국 최고의 웰빙 리조트 '캐년 랜치'의 30일 뇌 개선 프로젝트.
인간은 두뇌가 모든 것이다. 날카로운 사고, 통찰, 지성. 두뇌의 건강이 나빠지면 더 이상 이런 것들을 기대할 수 없을 것이다. 우리가 반드시 알아야 할 두뇌 건강에 대해 알아보자.

강아지와 대화하기
애견 언어 교과서
미수의행동심리학회(ACVB) 지음 · 장정인 옮김

내가 키우는 개, 잘 알고 계신가?
최고의 전문가로부터 개의 일반적 행동에 대해, 그리고 바람직한 행동을 할 수 있게 하는 방법에 대해 배워보자.

당뇨에 대한 거의 모든 것
당뇨는 치료될 수 있다
게리 눌 지음 · 김재경 옮김

이 책은 적어도 몇 년 후에 당뇨병 때문에 병원에 갈 일은 없게 해줄 것이다. 당뇨의 원인과 예방, 대증요법, 그리고 당뇨에 대해 궁금해했던 것을 이 한 권으로 해결할 수 있다.

▌가정과 생활

부모를 위한 아티스트 웨이
예술적 감성을 가진 아이 키우기
줄리아 카메론 지음 · 이선경 옮김

『아티스트 웨이』로 수많은 독자의 가슴에 예술적 감성을 키워주었던 줄리아 카메론이, 이제 아이의 예술적 감성을 키워주는 진솔한 조언을 해준다.

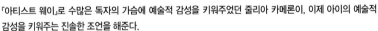

우리 아기가 궁금해요
아기와 함께하는 재미있는 육아 실험 50가지
숀 갤러거 지음 · 장정인 옮김

아기의 발달 과정을 부모가 직접 파악할 수 있는 방법을 알려준다. 이 책에 실린 실험들은 쉽고 흥미로우며, 과학적 내용을 바탕으로 한다. 부모가 갓 태어난 아기를 이해하기에 더없이 훌륭한 수단이 아닐까 싶다

쥬라기 공원의 과학
〈쥬라기 공원〉의 작가 마이클 클라이튼도 영감을 받은 과학자와 과학 이야기.

베스 샤피로 지음 · 이혜리 옮김

멸종 동물인 매머드를 부활시키려는 과학자의 흥미진진한 스토리! 책의 저자는 공상과학(SF)에서 공상을 제거하고 진짜 과학만 남긴 후 실제 매머드를 부활시키려는 노력을 매우 탄탄하게 이야기해준다.

위대한 과학자의 생각법

체드 오젤 지음 · 서자영 옮김

우리 모두는 과학자다. 수천 년 전부터 과학적 사고를 했기에 우리는 인류로서 성장할 수 있었다. 역사에 길이 남은 과학자들이 어떻게 생각했는지를 살펴보고 우리 내면에 잠들어 있는 과학자를 깨워보자.

상대성 이론이란 무엇인가

제프리 베네트 지음 · 이유경 옮김

아인슈타인의 아이디어는 무엇이었으며, 우리에게 어떤 영향을 미치는가?
시간과 공간이 휘어져 있다는 놀랍도록 신기한 이야기가 놀랍도록 쉽게 펼쳐진다. 숫자와 공식을 전혀 몰라도 재미있게 볼 수 있는 본격 상대성이론 이야기.

여섯 번째 대멸종
2015년 퓰리처상 수상작

엘리자베스 콜버트 지음 · 이혜리 옮김

여섯 번째 대멸종의 원인은 인간인가?
아프리카에서 처음 생겨난 인류는 전 세계로 조금씩 발을 넓혀 펴져 나갔다. 인류의 발자취가 발견되는 곳에서는 꼭 거대동물의 멸종이 일어났다. 과연 우연일까?

당신이 10년 후에 살아 있을 확률은

폴 J. 나힌 지음 · 안재현 옮김

세상에는 무수한 확률이 가득 차 있다. 그러나 대부분의 사람은 확률이 아니라 우연에 의지한다. 지금부터 이 책이 우연이 아니라 확률의 세상으로 인도할 것이다.

| 세상을 바꾼 가뭄과 기근의 역사 |

대기근이 온다

「이 도서의 국립중앙도서관 출판예정도서목록(CIP)은 서지정보유통지원시스템 홈페이지(http://seoji.nl.go.kr)와 국가자료공동목록시스템(http://www.nl.go.kr/kolisnet)에서 이용하실 수 있습니다.(CIP제어번호: CIP2015035010)」

대기근이 온다: 세상을 바꾼 가뭄과 기근의 역사

초판 1쇄 발행 2016년 1월 28일

지은이   우승엽
발행인   안유석
편집장   이상모
편 집   전유진
표지디자인   박무선
펴낸곳   처음북스, 처음북스는 (주)처음네트웍스의 임프린트입니다.

출판등록 2011년 1월 12일 제 2011-000009호
전화 070-7018-8812 팩스 02-6280-3032
이메일 cheombooks@cheom.net

홈페이지 cheombooks.net 페이스북 /cheombooks
ISBN 979-11-7022-024-4 03900

* 잘못된 서적은 교환해 드립니다.
* 가격은 표지에 있습니다.

| 세상을 바꾼 가뭄과 기근의 역사 |

대기근이 온다

우승엽 지음

『사기』에는 다음과 같은 말이 나온다. 民以食爲天(민이식위천).
즉, 백성에게는 밥이 하늘이라는 말이다. 어떤 의미로든지
백성을 굶기는 나라는 몰락의 길로 빠져든다.

인구폭증, 기상이변, 메가가뭄 시대의 생존법

처음북스

4장 역사를 바꾼 대기근

5장 생존의 시대, 미래

프롤로그

최근 TV는 온통 먹방 천지다. 다른 나라에도 맛집 탐방이나 요리 프로그램이 많지만 이렇게 먹는 것 그 자체에 온 국민이 열광하는 것은 예외적이며, 가히 신드롬 수준이라 할 수 있다. 오죽하면 외국 방송에서도 한국의 이런 독특한 현상을 보도할 정도다. 그런데 그 이면에는 우리 민족만의 그 무엇인가가 있다는 것을 정작 우리도 잘 모르고 있다. 바로 조상 대대로 내려온 굶주림, 배고픔, 기근의 기억이다. 우리는 우리 스스로를 막연히 한恨의 민족이라 한다. 하지만 그 한이라는 것이 도대체 어떤 것인지는 굳이 따져보지 않는다. 원통인지, 고통인지, 분노인지, 좌절인지, 아니면 슬픔인지 확실치 않다. 다시 들쳐보기조차 망설여지는 것이다. 분명한 것은 그 한의 큰 부분을 굶주림의 기억, 배고픔이 차지하고 있다는 것이다.

수백 년간 우리 조상들이 겪어온 혹독한 굶주림의 고통은 생각보다 강렬했고, 뼛속 깊이 사무쳤다. 그렇게 굶주림은 우리의 잠재의식 속에 뿌리 깊게 자리 잡으며 오랜 세월 동안 전해져 왔다. 그리고 이는 현재 우리들의 독특한 문화와 생활양식을 만들어내고 있다. 먹방의 유행이나 "식사하셨어요?", "언제 밥 한번 먹어요"로 대표되는 우리만의 독특한 인사법이 그렇다. 상대에게 밥을 먹었냐고 물어보는 인사법은 세계적으로도 참 독특한 것이다. 또한 가족을 식구食口, 즉 밥 먹는 입이라고 적나라하게 표현한 것도 비슷한 예다.

먹는 것과 관련된 속담도 셀 수 없이 다양하다. '먹을 때는 개도 안 건드린다', '먹고 죽은 귀신이 때깔도 곱다', '첫술에 배부르랴', '찬밥 더운 밥 가린다', '먹는 게 남는 것이다'처럼 속담도 많다. 왜 유독 먹는 것에 관한 속담이 많을까? 한 번씩 궁금하기도 했을 것이다. 이는 결국 트라우마로 남은 유산이다.

불과 300년 전, 우리 민족은 100만 명 단위로 아사하는 대기근을 몇 차례 겪었다. 경신대기근, 을병대기근이 그것이다. 당시 지구를 덮친 소빙하기 때문에 세계는 여름에도 눈과 서리가 내릴 정도의 저기온이었다. 아울러 혹독한 가뭄과 기상이변이 이어졌다. 당연히 농사는 대흉작으로 수확이 없었다. 평민은 물론 양반과 왕족까지 굶어죽고, 전염병에 죽어나갔고, 이때가 임진왜란과 병자호란보다 참혹하다 할 정도였다. 하지만 이에 대한 기록은 이후 역사에서 조용히 묻혔다. 세세한 역사기록까지 적힌 역사연표에서조차 사라졌다.

굶주림과 배고픔은 인간의 최대 숙제로, 인류 역사와 언제나 함께

했다. 이것이 해결된 것은 최근이다. 20세기에 들어서면서 과학기술 혁명으로 식량의 대량 생산이 가능해졌다. 화학비료와 농기계 발명, 종자개량 덕분이다. 그전까지 인간은 생로병사 외에도 평생 동안 굶주리며 배고픔을 걱정하고 살아야 했다. '내일은 가족에게 먹일 걸 조금이라도 구할 수 있을까', '누가 죽지는 않을까' 하며 두려움에 떨어야 했던 것이다.

하지만 굶주림과 생존이라는 강렬한 동기는 인간의 역사를 바꾸기도 했다. 심각한 굶주림에 참다못한 백성은 칼과 창을 들고 도적이냐 반란이냐를 선택해야 했는데, 이에 많은 나라와 왕조, 문명의 흥망성쇠가 결정되었다. 이는 우리가 역사책에서 배운 수많은 동서양 왕조의 몰락과 교체의 주요 이유다. 역사책에서 보지 못한 사연을 이 책에서 볼 수 있을 것이다.

하지만 기근은 의외로 긍정적인 면도 있다. 죽을 만큼 힘든 경험은 새로운 제도와 문화를 만들고 수용하게 했으며, 자전거의 발명과 감자, 옥수수 등 대체 농작물의 확대보급 같은 인류의 문화를 바꾸었다

세상은 달라졌다. 도처에 먹을 것이 넘치고, 심지어 남아돌기도 한다. 집만 나서면 눈길 닿는 곳 어디에나 식당과 카페, 편의점, 중소형 마트, 치킨집, 패스트푸드점이 즐비하다. 또한 전화만 하면 치킨, 피자, 중국요리 등 수백 종류의 음식을 30분 안에 받을 수 있다. 수시로 먹을 것이 유혹하는 시대가 된 것이다. 하지만 이는 인류사에서 낯선, 아니 수십 년 전만 해도 볼 수 없던 모습이기도 하다. 우리나라도 1970년대까지는 식량이 부족했고, 많은 이들이 굶주렸다. 지금의 젊은 세

대에게는 낯설고 믿기 힘든 이야기겠지만 말이다.

배부름은 쌀 대신 더 기름지고, 달고, 자극적인 먹거리를 찾게 한다. 우리 국민의 연간 밀과 육류 소비는 늘었지만 쌀 소비는 계속 줄어들고 있다. "쌀이 남아도니 가축 사료로 쓰자", "묵은 쌀을 바다에 던져버리자"라는 말이 나올 정도다. 물가는 오르는데 쌀값이 계속 떨어지니 농민들은 생산비도 안 나온다며 항의 시위를 한다. 과거와 달리 쌀이 남아돌아 처치곤란한 상황인 것이다.

하지만 이런 풍요로움의 이면에는 약간의 행운과 아슬아슬한 시스템이 돌아가고 있다는 것을 알아야 한다. 우리나라의 식량자급률은 고작 23퍼센트다. 쌀 대신 많이 먹는 밀과 옥수수는 99.3퍼센트 이상이 수입품이다. 국제 식량 값이 폭등하거나 외환 위기가 닥치면 그대로 영향을 받을 수밖에 없는 것이다.

실제로 타격을 받은 일이 있었다. 1980년, 기상이변이 우리나라를 강타했다. 유래 없는 여름 냉해 때문에 쌀 생산량이 전년의 3분의 2 수준으로 급감했다. 대흉작이었다. 극심한 정치적 혼란 속에서 정부는 부족한 225만 톤의 쌀을 급히 외국에서 사와야 했다. 톤당 500달러라는, 국제 시세보다 2.5배나 비싼 값에 말이다. 국제 곡물 유통회사의 농간에 휘둘린 것이다

몇 해 전, 배추 한 포기가 15,000원까지 폭등한 적이 있다. 양파 가격도 폭락했다가 이듬해에 갑자기 폭등하기도 한다. 식량은 가격이 싸다고 더 먹거나 비싸다고 덜 먹을 수 있는 것이 아니다. 작황에 따라 가격 탄력성이 클 수밖에 없는 것이다. 문제는 식량자급률뿐이 아니

다. 그것을 사들이는 수송, 구매 시스템까지 외국 곡물회사에 거의 의존하고 있는 것 또한 문제다. 아울러 국내 종자산업도 상당수가 외국계 회사에 넘어가고 있다.

이는 우리 목숨 줄을 외국에 의존한다는 말이다. 지금은 '사오면 되지'라고 생각하겠지만, 국가 위기 시에는 그럴 수 없을지도 모른다. 우리가 마트에 가서 장을 보듯 정가에 살 수 없는 것이다. 국가가 식량을 자급자족하지 못하고 외부에서 사와야 한다면, 언젠가 반드시 국민이 그 대가를 치른다. 미국, 프랑스, 독일, 영국, 호주 등 우리가 생각하는 강대국은 모두 농업 강국이다. 이 국가들이 식량 자급자족은 물론 해외 수출까지 하고 있다는 것을 유념해야 한다. 반면 식량을 거의 수입하던 대부분의 중동 지역 국가는 지금 국가 분열과 내전에 휩싸여 있다. 2008년 글로벌 금융위기와 국제 식량값 급등에 제대로 대처하지 못해 국민이 들고 일어난 것이다.

이 책은 이 풍요로운 세상 이전의 굶주림과 기근의 역사를 말하는 책이다. 모두가 잊고 싶은 과거의 기록이다. 우리 조상들이 굶주림 때문에 얼마나 고통스러운 인생을 살았는지 보여주는 책이기도 하다. 마치 조상의 무덤을 파고 관을 여는 느낌이 들 수도 있을 것이다. 하지만 이 책의 궁극적인 목적은 미래를 대비하는 것이다. 우리는 이미 잊었지만 배고픔, 굶주림, 기근은 끝나지 않았다는 것, 언제든 다시금 우리에게 찾아올 수 있다는 것을 말하려 한다.

사실 우리에게는 확실한 위험이 다가오고 있다. 이것은 마치 몇 월 며칠에 시내 중심가에서 폭탄이 터진다는 테러 예고와 같다. 바로 인류의 증가와 환경 재앙, 그리고 식량문제다. 현재 인류 수는 73억 명에 달한다. 인구증가 속도는 점점 더 빨라지고 있는데, 2050년에는 인류 수가 무려 100억에 도달할 것이라는 전망이다. 영국 과학 수석보좌관 존 베딩턴John Beddington 교수는 조만간 인류가 83억을 돌파하면 세계의 식량수요는 50퍼센트가 급등할 것이며, 물수요도 30퍼센트 늘어날 것이라는 놀랄 만한 예측을 하기도 했다.

현재도 굶주리는 사람이 전 세계에 10억 명 가까이 존재한다. 더구나 각국의 농지와 농업인은 매년 급속히 줄어들고 있으며, 설상가상으로 농업생산성도 한계에 달해 정체되고 있다. 게다가 앞으로 기후변화는 점점 더 심해져 가뭄, 홍수, 강력한 태풍, 냉해, 이상고온, 물오염, 전염병 등의 각종 자연재해가 빈발할 것이다. 이 때문에 식량 생산에 조금만 차질이 생겨도 생존에 필요한 최소한의 곡물 확보조차 힘들어질지도 모른다. 실제 2008년 기상 이변으로 생산량이 줄어들 것이라는 예측이 나오자 국제 밀 가격이 하루 만에 25퍼센트나 올랐다. 쌀도 하루 만에 30퍼센트가 올랐다 두 달 새 두 배나 오른 것이었다. 이는 이후 중동이 급변하는 원인이 되었다.

이것이 우리가 내일을 봐야 하는 이유다. 지금 당장이 풍요롭다고, 쌀이 남아돈다고 안심하는 것은 위험한 생각이다. 개인의 생존은 결국 국가와 정부에 달려 있기 때문이다.

1장

식사하셨습니까

인사말에 담긴 뜻

"식사하셨어요?", "진지 잡수셨어요?", "밥 먹었니?", "언제 밥 한번 먹어요", "밥 한번 살게요".

한국인에게 참 익숙한 말이다. "안녕하세요"라는 말보다 더 광범위하게, 그리고 친근하게 쓰이는 대표적인 인사말이기 때문이다. 영어나 다른 외국어에는 대부분 만났을 때의 인사말과 헤어질 때의 인사말이 다르다. 하지만 우리에겐 "안녕"이라는 인사말만 있어 무언가 부족함을 느꼈는데, 생각해보니 "식사하셨어요", "밥 먹었냐"라는 인사말이 있었던 것이다.

우리는 알고 있다. "밥 먹었냐"는 단순한 질문이 아니라는 것을. "밥 먹었냐"는 인사이며 안부고, 관심의 표현이며, 감사하는 말이다.

물론 경우에 따라 애정표현이나 위로이기도 하고, 때로는 축하나 격려의 말이기도 하다.

영화 〈살인의 추억〉에서도 마지막 장면인 터널신에서 역시 그 말이 나온다. 형사는 힘들게 살인 용의자를 체포하지만 곧 범인이 아니라는 증거를 받고 허탈해한다. 그리고 확신하던 범인을 어쩔 수 없이 놓아주면서 마지막 말로 떠나보낸다. 그 유명한 "밥은 먹고 다니냐"다. 이때는 어떤 의미였을까.

이는 세계적으로 비슷한 사례를 찾기 힘들 정도로 특이한 문화이기도 하다. 그래서 한국에 온 외국인들이 종종 놀라거나 특이하게 생각하기도 한다. 어느 TV프로그램에서 패널로 나온 한 외국인은 이렇게 말했다. 사람들이 자기를 볼 때마다 "밥 먹었니"라고 물어보는 통에 너무 이상했다고. '이 사람들은 내가 밥 먹었는지에 왜 그리 관심이 많을까' 하고 궁금해했다는 것이다. 물론 우리라면 이 얘기를 듣고 다들 빙그레 미소를 지었을 것이다.

한국인에게 '식사'와 '밥'이란 대체 무엇이기에 인사말이나 안부를 확인하는 것까지 되었을까. 우리에게 밥은 단순한 한 끼 먹거리 그 이상의 의미가 있다. '식사'와 '밥'에는 우리 민족만이 가지고 있는 커다란 잠재의식, 트라우마 덩어리가 존재한다. 이는 먼 조상부터 대대손손 내려와 수 세대에 걸쳐 유전자 깊이 각인된 밥과 밥먹는 행위가 가지는 특별한 의미와 느낌, 혹은 두려움이다.

트라우마라는 것은 개인의 무의식적 행동을 설명해주는 것으로 잘 알려져 있다. 그리고 이것은 개인을 넘어 민족이라는 거대 혈연집단의 무의식적 행동양식까지도 설명할 수 있다.

독일인들은 정리에 대한 집단 강박이 있다. 정리가 안 돼 있으면 아주 불안해한다. 거의 공포 수준이다. 사람이 다치면 달려가 "Alles in Ordnung?"이라고 물어본다. 의역하면 "괜찮습니까?"란 뜻이다. 그러나 글자 그대로 번역하면 "모든 것이 다 잘 정리되어 있습니까?"가 된다. '괜찮은 상태'란 '정리가 제대로 된 상태'를 의미하는 것이다. 그래서 독일사람들은 죽어라 정리만 한다. 공장에서도, 사무실에서도, 가정에서도 정리는 의무다. 정리가 '정상'과 '또라이'의 기준이 되기 때문이다.

— 『김정운의 에디톨로지』, p85

이처럼 독일인에게는 정리에 대한 강박이 있고 그것이 독일인들의 행동에 영향을 미치기 때문에 안부인사로 나타나는 것이다. 이것은 일본인에게도, 중국인에게도, 미국인에게도 마찬가지다.

그럼 21세기에 들어서도 우리 민족은 왜 아직도 먹는 것에 큰 의미를 두고 연연할까. 일제침탈기와 6. 25전쟁, 그리고 보릿고개 때의 배고픈 기억 때문일까. 단지 그것뿐일까. 문제는 단순하지 않다. 우리의 먹을 것 강박관념에 대한 기억은 실로 아득하다. 또한 씻을 수 없는 깊고 큰 상처다. 배고픔에 대한 기억이 너무나 고통스러워 잊으려하지만, 한편으로는 여전히 우리 세포 하나하나에, 잠재의식 속에 깊이 각인되어 있는 것 같다. 이제 과거의 아픈 기억들을 발굴하고, 그것이 지금 우리들의 삶과 행동에 어떤 영향을 미치는지 찾아가보자.

먹방의 시대

몇 년 전부터 대한민국에 큰 흐름이 시작됐다. '먹방(먹는 방송)'의 대두다. 2010년, 배우 하정우가 〈황해〉를 시작으로 여러 영화에서 김, 컵라면, 핫바, 총각 김치, 탕수육, 삶은 감자를 먹는 장면이 편집되며 묘한 충격을 주었고 큰 인기를 얻은 것이다. 밑바닥 인생을 연기한 그는 먹는 연기만으로도 뭉클한 무언가를 전해주었다. 그렇게 사람들의 입에 회자되면서 '먹방 배우'라 불리기 시작한다. 그의 먹는 연기는 결코 복스럽지도 정갈한 모습도 아니다. 단지 혼신을 다해 먹는 것에 집중하는 모습, 먹을 것을 대하는 경건한 자세가 다였다.

만약 외국인이 그 장면들을 본다면 도대체 이것이 왜 인기가 있는지 이해하기 힘들 것이다. 사실 우리에게 물어도 딱 부러지게 대답하기는 곤란하다. 지금은 이해하지 못하는 잠재의식 속의 기억이기 때문이다.

이후 사람들이 이를 따라 패러디하는 사진과 영상이 유튜브에 속속 올라오고, 이 역시 인기를 끌기 시작했다. 사회적 유행과 트렌드로 성장한 것이다. 그리고 곧바로 정말 기이한 방송 아이템으로 이어진다. 혼자 인터넷 실시간 방송을 진행하고 인기에 따라 시청자에게 수익을 받는 1인 방송자[註]들이 먹방을 시작한 것이다. BJ들은 그저 웹카메라 앞에 먹을 것을 푸짐하게 차려놓고 혼자 먹는다. 얼마나 맛있게 먹고 사이사이 맛깔나는 멘트를 하는지가 인기의 척도며, 인터넷으로 시청하는 이들의 호응과 사이버 머니로 그 결과가 돌아온다. 믿을 수 없게도, 그저 혼자 밥을 먹고 웃고 말하는 것뿐인 방송에 사람들이 열광하고 모여들기 시작했다.

먹방이 인기를 끌자 인터넷 동영상 사이트에는 '먹방' 전문 BJ가 늘어나기 시작했다. 또 그를 지켜보는 웹 시청자가 열광하고 사이버 머니 수익이 급증하면서 기성 언론도 주목하기에 이른다. 그리고 한국만의 신기한 방송문화로 해외 여러 언론에도 소개되고 있다. 신조어 먹방, 즉 'Muk-bang'의 탄생이었다. 외국인들은 요리 프로나 맛집 소개가 아닌 TV나 영화, 인터넷으로 알지 못하는 누군가의 먹는 모습을 지켜보며 열광하는 것을 이해하기 어려워한다. 서양에서는 음식을 먹을 때 쩝쩝 소리를 내거나, 게걸스럽게 먹거나, 다른 사람의 먹는 모습을 지켜보는 것을 예의가 아니라고 생각하거나 혐오스럽게 여긴다. 그러니 이런 방송 프로가 한국에서 한 회당 수십만 명이나 지켜보는 등 큰 인기를 끌고, BJ가 이로 큰 수익을 낸다는 것이 꽤 신기할 것이다.

영국의 BBC에서는 '먹방Muk-bang' 기사를 소개하면서 아예 가공하지 않은 4분짜리 먹방 영상을 홈페이지에 올려놓았다. 기사를 본 독자들도 믿기지 않을 테니 직접보라는 것이었다. 물론 그것을 본 외국인들의 반응은 서프라이즈, 언빌리버블! 그 자체였다.

언론에서는 먹방이 만들어지고 인기를 끌게 된 배경을 이러 저리 분석한다. 도시화와 핵가족화로 1인 가구가 급증하면서 혼자 밥 먹는 사람이 늘어 먹방을 보며 혼자 밥 먹는 외로움을 달랜다는 것이다. 또는 다이어트 때문에 마음대로 먹지 못하는 사람들이 먹방을 보며 대리 만족을 얻는다고도 했다.

어느 학자는 먹방은 다른 사람의 먹는 모습을 몰래 관음하는 본능적 행위라고 했다. 살짝 열린 창문으로 건너 집의 성행위를 엿보는 것과 같은 이치라는 것이다. 이처럼 포르노로 해석이 되자 아예 '푸드 포르노foodporn'라는 용어까지 생겼다. 이는 식욕을 자극하는 온갖 화려한 음식의 유혹, 또 이를 맛있게 먹으며 감탄사를 내뱉는 사람을 표현한 단어다. 선정적인 영상이 자극적 색채의 음식과 황홀하게 먹는 사람으로 대체된 것이다. 인터넷 SNS에는 '#foodporn'라는 해시태그가 달린 사진이나 동영상이 수천만 개나 되며, 한 시간에 수천 개가 넘는 속도로 관련 게시물이 올라올 정도다.

홀로 사는 1인 가구의 급증으로 점차 인간관계가 단절되고 갈수록 삭막해지는 현대 사회에서 사람들이 외로움과 애정 결핍에 처한 것은 맞다. 하지만 그것만이 먹방 인기의 주원인이라고 하기에는 뭔가 부족하다. 이 현상은 유독 우리나라에서만 일어나는 일이기 때문이다.

먹방이 사회현상화되고 대중화되자 방송은 '쿡^{cook}방'으로 확대 재생산되었다. 단순히 남이 먹는 것을 보거나 맛집을 찾아다니는 것에서 한 단계 올라가 음식을 직접 만드는 과정까지 보여주는 쿡방이 먹방의 틈을 채워 트렌드가 된 것이다.

TV를 켜보면 지금도 바로 확인할 수 있다. 먹는 것에 관련된 TV프로가 전체의 5분의 1 정도는 되지 않을까. 케이블과 공중파를 가리지 않고 수많은 형태의 먹방, 쿡방 프로그램이 제작되거나 이미 수많은 포맷으로 방송되고 있으며, 시청률도 높다. 〈식사하셨어요〉, 〈식샤를 합시다〉, 〈한국인의 밥상〉, 〈삼시세끼〉, 〈집밥 백선생〉, 〈식신로드〉, 〈냉장고를 부탁해〉, 〈오늘 뭐 먹지?〉, 〈한식대첩〉, 〈맛있는 TV〉 그리고 〈백종원의 3대 천왕〉까지 먹방, 쿡방 프로그램은 계속 생겨나고 있다.

이런 전문 먹방, 쿡방 프로그램 외의 다른 예능 프로그램에서도 중요한 미션은 먹는 것이다. 〈1박 2일〉, 〈슈퍼맨이 간다〉, 〈런닝맨〉 등에서도 게임에서 진 사람은 산해진미로 차려진 진수성찬에서 제외되고 라면으로 끼니를 때워야 한다. 〈6시 내고향〉 같은 우리 시골 어른들의 푸근한 삶을 조명하는 프로조차 그 지방, 혹은 그 집만의 요리법을 소개하고 그 요리를 먹는 모습이 방영되는 것이 상당수다. 재미있는 건 서바이벌만을 다루는 생존 프로그램에서도 마찬가지 경향이 나타난다는 것이다. 〈정글의 법칙〉이나 〈생존의 달인〉 같은 프로그램에서도 낯설고 험한 오지에서의 생존법과 함께, 먹는 장면을 중요하게 보여준다. 물론 미국 서바이벌 TV프로그램에서도 먹는 장면이 나오지만, 그 비중은 그리 크지 않다. 위험 지대를 헤쳐 나가거나 생존 미션을 수행하면서 간단히 나오는 정도다. 그에 비해 우리나라 프로그램은 먹방 스튜디오를 무인도로 옮긴 듯, 먹방의 연장선상인 느낌이 든다.

먹방, 쿡방의 파워는 상상을 초월해 사회적 이슈가 된다. 맛집으로 소개된 곳은 적어도 한 달 동안 전국에서 손님이 몰리며 난리가 나고, 방송에 나온 음식점과 음식이 실시간으로 인터넷 인기검색어에 뜬다. '만능 간장' 같은 조리법에 열광하고, 이것이 누구나 한 번씩 집에서 따라 해봐야 하는 필수 코스가 되며, 이렇게 소개된 조리법이 책으로 나와 베스트셀러에 오르기도 한다.

먹방은 새로운 타입의 인기 연예인을 만들어냈다. 윤후, 추사랑처럼 가리지 않고 맛있고 복스럽게 먹는 아이들이 전 국민의 사랑을 얻고 CF 스타가 되며, 무엇보다 흥미로운 것은 인기 있는 요리사의 등장이다. 큰 불을 피워 프라이팬에 음식 재료를 자글자글 지지고 볶고, 냉장고 안에 있는 허술한 재료로 맛있는 요리를 뚝딱 만들어내는 요리사들이 큰 인기를 끌게 된 것이다. 이들은 여러 TV프로그램에 겹치기 출연을 하는 것은 물론 CF 모델로도 활동하며 그 인기를 과시한다. 미모의 인기 여자 연예인과 결혼하며 이 시대의 스타가 되었음을 증명하기도 한다. 하지만 무엇보다 가장 큰 영예는 '셰프'라는 명예로운 타이틀의 획득일 것이다. 또한 초등학생의 장래희망에 요리사가 등극하기도 했다. 이렇게 근 몇 년 사이에 우리 사회에 불어 닥친 먹방 열풍과 유명 요리인의 등장을 살펴보았다. 이런 열풍이 일어난 원인의 바탕에는 우리만의 독특한 무언가가 있음을 앞으로 살펴볼 것이다.

한국인에게 먹는 것의 의미란

"다 먹고 살자고 하는 일이다", "밥은 먹고 해야지", "먹고살기 힘들다". 이런 말처럼 우리가 자주 말하고 듣는 말은 없을 것이다. 특히 삶이 힘들 때, 어려울 때, 혹은 체념할 때 더 많이 하게 되는 말이다. 심지어 "먹고살기 힘들어서 그랬다"라고 하면 죄마저 선처받거나 감형되기도 한다. 그것뿐일까. 앞에서도 말했지만 '먹을 때는 개도 안 건드린다', '금강산도 식후경', '밥이 보약이다', '먹고 죽은 귀신이 때깔도 곱다', '첫술에 배부르랴', '찬밥 더운 밥 가린다', '먹는 게 남는 것이다', '체면이 밥 먹여주냐'같이 흔히 쓰는 속담이나 어구도 많다. 보통 속담이나 어구는 그 민족의 정신 유산이 반영된 것이 많은데, 이처럼 우리 민족에게는 밥, 먹는 것이 특별했던 것이다.

앞서 "식사하셨어요"가 우리 민족만의 특이한 인사말이 됐다고 했는데, 이와 같은 맥락에서 '아침밥을 얻어먹고 다닌다'는 남자나 가장의 권위를 은연중에 상징하는 표현이다. 반면에 '밥도 못 얻어먹는다'는 권위 상실과 연결되며, 직장을 나와 집에만 있는 남자를 밥만 축내는 '삼식이'라고 표현하기도 한다.

또한 따뜻한 밥과 찬밥의 의미도 확연히 다르다는 것을 이미 알고 있을 것이다.

'먹는다'라는 단어에는 단순히 '음식을 먹는다' 이상의 의미가 있다. 바로 '무언가를 얻다'의 의미다. 영단어 'get'의 역할도 하는 것이다. 결국 '먹는다'는 돈을 번다, 나이가 든다, 일이나 소원을 이루다, 공부를 마치다, 성행위를 하다의 의미로까지 확장되었다.

밥은 정치다

십 수 년 전, 쌀 소비 감소로 쌀이 남아돌자 정부는 잉여분의 쌀을 가축용 사료로 전환하겠다고 발표했다. 하지만 곧 전 국민의 비난을 받아야 했다. 불과 수십 년 전까지만 해도 쌀이 없어 상당수 국민이 굶어야 했는데 아무리 지금 쌀이 남아도 개, 돼지, 닭 같은 가축에게 쌀을 사료로 주는 것은 안 된다, 국민 감정상 절대 받아들일 수 없다는 것이었다. 결국 정부도 이에 수긍하고 관련 법안을 백지화했다.

재미있게도, 이는 2015년에 또 한 번 재현됐다. 3년간의 대풍과 쌀 소비 감소로 쌀이 남아돌아 묵은 쌀 보관에 막대한 세금이 들어갔다. 이에 한 국회의원이 "묵은 쌀을 바다에 수장해 버리자"라고 농림부 장관에게 제안했다. 하지만 "국민의 반대 여론이 엄청날 텐데 의원님이 책임질 수 있나요?"라는 한마디에 곧 없던 일로 할 수밖에 없었다. 그 발언이 만들어낼 파장이 얼마나 큰지 깨달은 것이다.

이처럼 밥은 정치적이다. 2014~15년을 달군 무상급식 이슈가 대표적인 예다. 학교에서 아이들에게 무상으로 밥을 먹이느냐 마느냐 하는 것이 큰 논쟁이었고, 이에 찬반을 표시한 정치인의 선거 당락으로까지 연결됐다. 찬반측 모두 나름의 이유가 있었지만 가장 중요한 것은 '아이들에게 따뜻한 밥을 챙겨준다'는 상징적 의미였다.

찬밥, 더운밥의 차이처럼 햅쌀이냐 묵은 쌀이냐도 국민은 민감하게 받아들였고, 곧 정치로 이어졌다. 기초 수급 대상자와 차상위 계층에게는 정부가 쌀값의 50퍼센트를 지원해 반값에 사회복지용 쌀을 판매한다. 원칙적으로 햅쌀만을 대상으로 하고 있다. 또한 60만 명이나 되는 군인이 있는 군대에서도 그간 주로 묵은 쌀을 소비했으나, 수년 전부터는 햅쌀만 공급하고 있다. 저소득층의 감정과 군인의 사기 증진이 이유다. 나락으로 전용 창고에서 잘 보관된 후 바로 도정된 쌀은 1년쯤 묵어도 햅쌀과 별다른 차이가 없지만, 국민감정은 다른 것이다.

밥과 굶주림에 대한 기억과 감정은 개인의 정치적 성향으로 나타나기도 한다. 박정희 전 대통령을 지지하는 측의 가장 큰 지지 이유는 박정희 덕분에 우리 민족이 유사 이래 처음으로 굶주림을 면하게 되었다는 것이다. 물론 독재와 인권 탄압, 민주주의의 후퇴 등 다른 과실도 크지만 1970년대까지 보릿고개와 배고픔을 경험하던 사람들은 굶주림에서 구해낸 것 하나만으로도 존경한다는 것이다. 그 시대를 살아온 국민들에겐 이것 하나가 전부였다. 이렇듯 우리 한민족은 유사 이래부터 최근까지 굶주림에 대한 고통과 한이 무엇과도 비교할 수 없을 만큼 크다.

밥은 문화다

밥은 문화적이기도 하다. 21세기에 들어서 먹고살 만해진 지금도 먹는 것에 대한 특이한 감정은 우리의 독특한 문화적 현상으로 나타난다. 우리 국민의 범국민적인 취미는 등산을 넘어 캠핑으로 진화했다. 등산에서도 등산 자체만큼 중요한 것이 거하게 먹는 것이다. 등반 중에, 휴식 중에, 혹은 정상에서. 그리고 하산해서 주위 동료와 어울려 삼겹살과 막걸리를 배불리 먹는 것은 등산 행사의 중요한 의례다. 등산장비로 배낭이 꽉 차고 허리가 휠만큼 무거워도 삼겹살과 막걸리 몇 통만큼은 꼭 챙겨야 산을 오르는 맛이 나는 것이다.

기름기 많은 삼겹살을 선호하는 것도 세계적으로 보기 힘든 취향이다. 이는 오직 한국만의 유별난 현상이다. 이 때문에 전 세계의 돼지 삼겹살 부위가 거의 모두 한국으로 수입되고 있다. 칠레, 미국, 헝가리, 벨기에, 독일, 프랑스, 스페인, 덴마크 등 수입국도 다양하다. 사실 우리가 먹는 많은 삼겹살은 바다를 건너 오랜 기간 냉동된 채 배를 타고 온 것이다. 쇠고기 역시 살만 있는 것은 외면받고 등급도 떨어진다. 살 속에 기름기가 잘게 골고루 박혀 있는 것은 꽃등심이라 하여 최고 대우를 받는다. 이렇게 기름진 고기를 선호하는 것 역시 과거 굶주림의 기억 때문이 아닐까.

최근 캠핑 열풍에도 우리만의 독특한 현상이 발견되는데, 이 역시 먹을 것과 연관이 있다. 미국이나 유럽, 일본 등에서 캠핑은 등산이나 트레킹, 수영, 낚시, 레프팅 등 다른 아웃도어 활동을 하기 위한 베이스캠프일 뿐이다. 따라서 텐트나 캠핑장비 자체가 가볍고 단출하다. 외국의 캠퍼들은 빵이나 도시락, 혹은 즉석 스테이크로 가볍게 식사를 해결하고 텐트를 나와 다른 아웃도어 활동을 하거나 모닥불을 펴놓고 동료와 밤새도록 얘기한다. 주위 분위기를 만끽하며 조용히 자연과 함께하는 것을 선호하는 것이다.

반면, 우리의 캠핑 문화는 먹는 것이 제일 중요하다. 캠핑장에 도착하자마자 삼겹살을 꺼내 굽고, 술이 들어가야 한다. 외국처럼 숲속의 호젓한 캠핑은 보기 힘들다. 땡볕이 내리쬐는, 그늘이라곤 한 점 없이 먼지만 폴폴 날리는 야외에서 촘촘히 맞붙여 텐트를 치는 것도 상관없다. 자갈이나 쇄석이 깔린 바닥이어도, 바로 옆 텐트의 속삭이는 소리가 다 들릴 정도로 맞붙어 있어도 이는 큰 문제가 되지 않는다. 편안한 휴식이 목적이 아니기 때문이다. 고기를 굽고 배불리 먹는 것이 더 중요하다. 그렇게 시작해서 다음날 텐트를 치울 때까지 끊임없이 굽고, 지지고, 먹고, 마신다. 야외에 나와도 먹고 마시는 데 거의 모든 시간을 소비하는 것이다.

이는 참 재미있는 점이다. 국과 찌개 등 물기가 많은 요리를 하는 음식 문화라는 차이가 있긴 하지만, 그것만으로는 설명하기 힘들다. 우리가 잘 모르는 억눌려 있던 욕망이 문화로 표현되는 것이다. 가족을 식구^{食口}라고 하는 것도 그렇다. 밥 먹는 입이라는 표현은 얼마나 적나라한가.

우리 민족은 먹는 것에 어떤 감정과 한이 있기에 지금까지 이토록 먹는 것에 집착하는 것일까.

2장

풍요로운 시대

생로병사 그리고 굶주림

옛 성인은 인간의 일생을 생로병사生老病死라고 했다. 태어나서 늙고 병들어 고생하다 죽는 게 인생이라는 것이다. 하지만 여기에는 인생의 중요한 요소가 한 개 빠졌다. 굶주림과 기근이 추가되어야 한다. 인간은 태어나서 거의 평생토록 굶주려왔다. 그리고 삶 내내 어떻게 하면 배를 채울 수 있을까, 굶주림에서 벗어날 수 있을까를 고민해왔다. 심지어 과거에는 못 먹어서 죽는 아사가 죽음의 주요 원인이기도 했다. 즉 인간의 일생은 생로병사—굶주림生老病死 飢饉이라고 해야 맞는 것이다.

굶주림, 기아는 개인의 삶을 크게 바꾸어 놓는다. 그리고 대규모 기근은 국가나 정권, 왕조의 명운과도 큰 연관이 있다. 한 국가의 존립을 좌우하기도 하는 것이다. 굶주림과 기근을 배제하고서 인류의 역사를 이해할 수는 없다. 동서양을 막론하고 인구의 수십 퍼센트를 사망케

한 대기근은 주기적으로 발생했으며, 그때마다 역사는 변했다.

인류가 굶주림의 주기에서 벗어난 것은 100년도 채 되지 않는다. 그동안 인류가 어렵게 지키고 키워온 과학기술이 꽃피우자, 식량증산 혁명이 시작됐다. 인류 역사상 처음으로 식량 부족을 걱정하지 않고 배불리 먹으며 뚱뚱하게 살찌는 것이 가능해진 것이다. 이때부터 지구의 인구수는 폭발적으로 증가하고 있다.

먹을 것이 넘치고 남아도는 현대. 미국의 성인 비만율은 약 35퍼센트다. 어른 세 명중 한 명은 심각한 과체중이라는 이야기다. 게다가 요즘은 어린이 비만도 심각한 문제다. 집만 나서면 눈길 닿는 곳 어디에나 식당과 카페, 편의점, 중소형 마트, 치킨집, 패스트푸드점이 있어 먹을 것을 찾는 것이 너무나 쉽다. 수시로 먹을 것을 권하는 시대가 된 것이다. 하지만 이는 불과 수십 년 전만 해도 볼 수 없던, 아니 인류사에서 처음 나타난 낯선 모습이기도 하다. 지금까지는 오히려 굶주림이 더 일상적이었기 때문이다.

수백만 년간 인류 유전자에 각인된 굶주림에 대한 공포는 단 것을 지나치게 탐식하게 하고 배가 불러도 먹고 또 먹으라고 명령한다. 내일이면 먹을 게 떨어질지 모르고, 앞으로 며칠이나 굶주릴지 모른다는 공포를 주는 것이다. 인간에게 이 명령은 꽤 유혹적이고 강력하며, 중독성이 있다. 그 결과 성인 상당수가 비만이나 내장 비만에 해당되며, 당뇨병, 동맥경화, 심장질환 등 합병증까지 앓고 있다. 인류에게 처음 나타난 낯선 현상인 것이다.

영화나 드라마에서 낭만적으로 그려지는 것과 달리 조선시대까지만 해도 굶주림은 심각한 문제였다. 매년 봄마다 보릿고개를 겪어야 했고, 대략 5년 주기로 큰 가뭄이 있었으며, 수십 년 주기, 즉 인생에 최소 한 번 이상은 집안 식구 중 몇 명이 굶어죽는 큰 재앙을 겪어야 했다. 당시 평균수명이 마흔 살이 안 되는 것은 이 때문이다.

조선시대 때는 유독 17세기에 대기근이 여러 번 찾아왔다. 지구 평균 기온이 떨어지는 소빙기였기 때문이다. 이 때문에 한 번에 수십, 수백만 명이 죽는 대참사가 연이었다. 이를 계기로 생겨난 것이 이앙법과 대동법, 돈(상평통보)의 유통이다. 대기근 때문에 조선사회는 변화할 수 있었다.

현대의 모내기법과 유사한 이앙법移秧法은 노동력을 줄이고 쌀 수확량을 크게 늘릴 수 있지만 물을 많이 사용하기 때문에 봄 가뭄에 약해서 조선 초반까지는 금지된 방식이었다. 그러나 17세기 말 경신대기근, 을병대기근 시기에 수백만 명이 굶어 죽고 국가 체계가 흔들리면서 식량 확보가 제일 중요한 문제가 되자, 널리 퍼지게 되었다. 적은 노동력으로 많은 수확이 가능해지자 농민들도 적극적으로 이앙법을 도입했고, 이는 조선 후기 인구 증가에 큰 몫을 했다.

1798년, 영국 경제학자 멜서스는 그 유명한 인구론을 발표한다. 그는 인구는 기하급수적으로 증가하지만 식량 생산은 이를 따라가지 못하기 때문에 대기근은 필연적이며, 굶주림의 아귀다툼과 전쟁 등 대격변을 겪은 후에야 인구가 줄어들어 다시 균형이 맞춰질 거라 예견했다. 이는 당시 아일랜드인이 감자를 주식으로 함으로써 짧은 시간에 인구가 급증한 사실에 영감을 받아 발표한 것이다. 그리고 50년 후인

19세기 중반, 감자 마름 병 때문에 아일랜드에 대기근이 발생해 아일랜드인 200만 명이 아사하는 대재앙이 터졌고, 이 이론은 의심의 여지가 없는 정설로 받아들여졌다.

그러나 과학기술의 발전은 이 한계를 넘어서게 했다. 1950년부터 2000년까지 50년간 세계 인구는 25억에서 60억으로 두 배 넘게 급증했다. 멜서스의 이론대로라면 당연히 식량 부족 사태가 닥치고, 인류는 대기근을 겪어야 한다. 하지만 반세기 동안 쌀, 밀, 옥수수 등 곡물 생산량이 세 배 이상 뛰어 비약적인 식량 증대가 이루어져 위기가 아닌 호황이 찾아왔다. 특히나 과학기술이 발전한 구미 선진국의 식량 생산 혁명이 큰 작용을 했다. 미국은 인구수로는 전 세계의 5퍼센트만을 차지하면서 전 세계 콩과 옥수수의 절반과 육류의 6분의 1을 생산해냈다.

한국의 상황은 세계사적으로도 유래 없이 더 극적이었다. 일제 강점기와 6·25 전쟁을 겪으면서 심각한 기근을 수시로 체험한 우리나라는 1970년대까지만 해도 굶주림이 일상이었다. 식량자급률이 턱없이 낮던 그 당시, 정부는 식당의 쌀밥 판매를 금지하는 한편, 쌀에 보리나 옥수수 등을 섞어 지은 밥을 팔도록 행정 명령을 발동했다. 가정에서도 밀가루 혼식을 강하게 장려했고, 서민의 술이라는 쌀막걸리조차 금지했다. 나의 아버지는 당시 학교에서 배급된 밀가루 죽과 수제비를 하도 먹어 성인이 되어서는 라면같이 밀가루로 된 음식만 보면 진저리를 칠 정도였다.

쿠데타로 정권을 잡은 박정희는 정권안보차원에서 국민을 굶주리지 않게 하는 것을 최우선 과제로 삼았다. 그래서 미국에서 곡물 수입을 대량으로 늘리고 쌀 수확량으로 늘리고자 다수확 신품종을 개발하는 데 총력을 기울였다. 그리고 마침내 1971년, 수확량이 많은 신품종 '통일벼'를 개발하는 데 성공해 이를 전국적으로 보급했다. 비록 밥맛이 썩 좋지 않고 냉해와 병충해에 약해 사람들의 평가가 좋진 않았지만, 어쨌든 이것으로 1977년 역사상 처음으로 쌀 자급을 이룬다. 이를 계기로 쌀막걸리 금지와 쌀밥 전용 판매 금지 및 밀가루 혼분식 장려가 해제된다.

이렇게 단군 이래 처음으로 식량 생산량의 비약적인 증대가 이루어지면서 우리 민족은 굶주림에서 벗어나고, 평생의 한이던 보릿고개라는 말조차 기억 속에서 사라지게 된다.

식량 기적의 역사

예상을 뒤엎고 20세기에 식량 생산을 폭발적으로 늘릴 수 있었던 건 과학기술 덕이었다. 과학기술의 발달로 비료와 농약의 발명, 댐과 수로의 개발, 지하수 관정과 펌프의 보급, 생산량이 많은 신품종 개발, 일기예보로 피해 방지, 효율 좋은 농기계 발명, 새로운 저장기술 발명 등이 이루어졌다. 무엇보다 생산 증가에 가장 큰 역할을 한 것은 바로 비료의 발명이다. 비료 덕에 휴경지가 줄고 연작이 가능해져 생산량을 획기적으로 늘릴 수 있게 되었다. 또한 같은 면적 내에서 가장 많은 수확을 할 수 있는 옥수수의 대량 재배가 가능해졌다.

전통적으로 농사는 효율성을 개선하며 식량 생산을 늘리는 게 어렵다. 토목공사처럼 많은 사람을 투입하면 그 효과가 크게 나타나는 게 아니기 때문이다. 농작물이 잘 자라려면 햇빛과 기온, 물과 영양분의 보급이 잘 이루어져야 하는데, 인간이 이것을 전부 통제하기는 힘들다. 특히 영양분을 공급하는 땅의 한계가 절대적이다. 이 때문에 몇 번 농사를 짓고 나면 밭을 놀리는 기간이 필요하며, 쟁기를 이용한 밭갈이나 퇴비의 사용으로 생산량이 올라가긴 했지만 역부족이었다.

구아노

그러다 19세기에 들어서며 획기적인 식량 생산법이 발견된다. 구아노Guano라는 강력한 천연비료를 찾아낸 것이다. 칠레나 페루의 구아노는 1800년대 초에 처음 알려졌다. 이것은 안데스 산맥 연안의 건조한 절벽 위에다가 새들이 싼 새똥이 수천, 수만 년간 쌓여 화석화된 것이다. 구아노는 질소 11~16퍼센트, 인산 8~12퍼센트, 그리고 갖가지 무기질과 영양분으로 이루어져 있어 농작물의 성장 속도를 극적으로 끌어올렸다. 이 때문에 구아노는 곧 기적의 비료라는 명성을 얻으며 선풍적인 인기를 끌었다. 19세기 초, 유럽은 인도네시아의 탐보라 화산 대폭발의 영향으로 기온이 급 하강해 흉작이 계속되는 기근을 겪고 있었다. 이 때문에 굶주리는 사람이 급증함은 물론, 사료를 주지 못해 말들마저 아사하고 도태되었다. 따라서 농작물의 성장과 수확을 획기적으로 끌어올릴 수 있는 천연 비료의 발견은 일대 사건이었다. 유럽 신문들은 구아노의 효과에 찬사를 보내고 과장된 광고를 연이어 쏟아냈다. 구아노만 뿌리면 밀과 감자, 목화, 옥수수 등의 작물 생산량을 다섯 배 이상 높일 수 있다고 선전한 것이다.

수요가 폭증하자 유럽의 증기선과 화물범선은 남미의 구아노를 실어 나르기 바빴고, 19세기 중반 구아노 수입량은 수천에서 수만 톤으로 폭발적으로 증가했다. 구아노는 수십 미터에서 수백 미터까지 쌓여 있어 캐도 캐도 끝이 없을 것만 같았다. 당시 남미 국가들은 현재의 석유 수출과 마찬가지로 구아노 수출로 큰 부를 얻었다. 그러나 자원의 저주는 어김없이 나타났다. 이 희귀한 자원을 차지하려는 분쟁이 나타났고, 1879년부터는 페루, 칠레, 볼리비아 등 남미 국가들의 전쟁이 시작된다. 물론 이들 뒤에 각자 이익을 판단한 유럽 국가의 지원이 있었기에 시작된 전쟁이다. 이 전쟁은 일명 '새똥 전쟁'이라 불리며 4년간 지속됐는데, 이것이 첫 국제 자원전쟁이다.

하지만 서구열강의 대리전은 승자나 패자 모두에게 좋지 않은 결과를 낳았으며, 모두 불행해졌다. 전후 국경이 바뀌고, 각 국가는 전쟁 비용 후유증 탓에 국가 부도와 내전에 휩싸인다. 또한 아무리 파내도 끝이 없을 듯하던 구아노가 점차 바닥을 드러내기 시작했다. 수십 미터 이상 쌓여 달콤함을 안겨주던 구아노 층이 아이스크림 녹듯 사라져 버린 것이다.

20세기 초는 과학기술의 성과가 속속 나타나서 세계적으로 낙관론이 지배하던 때다. 하지만 여전히 안정적인 식량 공급은 골치 아픈 문제였다. 남미의 천연비료인 구아노는 지난 50년간 유럽의 대륙을 살찌우고 풍족하게 했지만, 어느덧 바닥을 드러내고 있었다. 향상된 위생과 의료기술로 세계 인구는 기하급수적으로 증가하기 시작했다. 하지만 식량 공급을 제대로 하지 않으면 지난 세기처럼 다시 대기근이 닥쳐 전쟁과 혼돈의 시대가 될 것은 분명했다. 더 늦기 전에 수많은 유럽인들을 먹이려면 구아노 같은 안정적인 비료 공급이 중요했다. 이미 전통적 농사 방법인 돌려짓기와 휴작, 밭에 콩을 심는 방법으로는 어림없다는 것은 분명했다. 당시의 과학자들은 이 중대한 문제를 넘겨받았다. 굶주림과 전쟁으로부터 인류를 구원해야 한다는 막중한 사명이 부여된 것이다.

식량혁명의 시작: 화학비료의 발명

유사 이래 벗어날 수 없던 인류의 굶주림을 끝내는 혁명적 발명이 드디어 나온다. 유대계 독일 과학자 프리츠 하버가 합성비료의 주원료인 암모니아 대량 합성법을 찾아낸 것이다. 공기의 대부분을 차지하는 질소는 식물의 성장에 필수적이지만 기체 상태로는 식물이 흡수하지 못해 큰 효과가 없다. 콩과 식물의 뿌리혹박테리아나 번개 등이 질소 형질전환에 도움이 되기는 하지만 효과가 미약하다. 따라서 합성비료의 핵심은 인공적 질소의 고정화였다. 이때 하버는 고온 고압의 가스 압축기와 촉매를 이용하는 간단한 방식으로 암모니아를 대량 합성해냈고, 이 덕에 질소 비료를 손쉽게 만들 수 있었던 것이다.

이로써 인류는 주위에 널린 공기를 이용해 소중한 합성비료를 무한정 생산할 수 있는 요술 방망이를 갖게 되었다. 이것이 그 유명한 하버-보슈법이며, 이 발견으로 그는 1918년 노벨화학상을 수상한다. 역사의 한 페이지를 장식할 식량 혁명이 시작된 것이다.

오늘날 인류는 하버가 만든 질소비료로 키운 식량을 먹는다. 만약 합성비료가 없었다면 인류는 지금 이렇게 급증하지 못했을 것이다. 우리는 여전히 소중한 경작지를 놀리며 휴작을 하거나, 콩을 심거나, 천연 구아노를 찾아 헤매야 했을 것이다. 땅의 힘을 크게 해치는 옥수수는 대량 생산을 하기 힘들고, 이를 사료로 먹는 소나 돼지, 닭도 1년에 몇 번 먹지 못하는 사치품이 되었을 것이다. 심지어 가장 흔하고 대중적인 식용유조차 귀했을 것이다. 그리고 정기적인 대기근이 21세기 지구를 강타하고, 세상은 굶주리며, 식량 전쟁과 불안감이 끊이지 않았을 것이다. 또한 낮은 농업 생산성 때문에 아직도 많은 사람들이 농업에 종사해 2차나 3차 산업으로의 발전은 수십 년 이상 늦어졌을 것이고 컴퓨터와 인터넷, 스마트폰마저 수십 년 뒤에나 출현했을지도 모른다.

하버-보슈와 화학비료 덕분에 1900년대 초 16억 명이던 인구가 100년만에 73억 명으로 늘어났다. 또한 많은 사람이 1차 산업에서 해방되어 과학기술 혁명을 더욱더 가속화했다.

하버는 식량 생산에 획기적인 합성 비료를 보내준 천사이지만, 동시에 악마이기도 하다. 그는 질소 비료를 연구하다가 폭약 대량 생산법까지 함께 만들어버렸다. 당시 폭약 원료인 니트로글리세린과 TNT를 생산하려면 다량의 질산염이 필요했다. 하지만 이를 구하는 방법은 칠레 초석에서 추출하는 것뿐이어서 폭약 생산에 큰돈이 들었고 원료 공급도 어려웠다. 그런데 하버-보슈 공정으로 폭약 대량 생산이 가능해진 것이다. 때문에 질소 비료 공장은 전시에 쉽게 폭약 생산 공장으로 전환된다. 또한 오늘날 질소 비료는 사제 폭약의 주재료로 쓰이기도 한다. 이 얼마나 아이러니한가.

하버법을 적용한 첫 번째 비료공장은 1913년 독일에 생겼다. 하지만 이듬해 제1차 세계대전이 발발하자 이 공장은 비료를 만드는 대신 바로 폭약을 만들기 시작했다. 그리고 이 덕에 독일은 원료가 공급 중단될 걱정 없이 손쉽게 폭약을 만들 수 있었고, 전쟁은 확전됐다. 인류를 구할 기술이 인간을 죽이는 데 먼저 쓰이고 만 것이다.

하버의 농업 연구는 살충제 개발로도 진행되었는데, 제1차 세계대전이 터지자 이를 이용해 독가스를 만들어 살포하기도 했다. 1차 세계대전은 인류 최초의 독가스 전쟁인데, 이 역시 하버의 힘이었던 것이다. 심지어 그는 자신이 만든 독가스가 전쟁터로 옮겨져 처음 살포될 때 현장을 감독하기까지 했다. 그의 지휘 속에 수천 수만 명의 연합군 병사가 고통 속에 몸부림치며 죽어간 것이다. 이후 그는 '화학 무기의 아버지'로 불리기도 한다.

유대인이지만 독일인이 되고 싶었던 하버는 개종까지 하며 독일에 자신의 모든 것을 바쳐 일했지만, 그의 말년은 비참했다. 마찬가지로 과학자인 그의 아내는 독가스 개발과 실전 사용을 강하게 반대했고, 결국 그녀는 집 정원에서 권총으로 자살하지만 하버는 이후 살충제와 독가스 기술을 발전시켜 1920년 '치클론'이라는 살충제 개발에 성공, 해충 박멸에 큰 역할을 한다. 그러나 그 역시 잔혹하게 내쳐진다. 이후 독일의 극우성향이 커지며 인종법이 발호되자 하버도 빠져나올 수 없었던 것이다. 그는 1934년 집과 연구소, 직책과 명예도 모두 빼앗긴 채 쫓겨 나 얼마 후 죽고 만다. 하지만 살아서 그 후에 닥친 상황을 보지 못한 것이 차라리 다행이었을지도 모른다. 그가 이룩한 기술과 인력, 연구 성과가 유대인 가스학살에 이용된 것이다.

비료가 한반도에 미친 역사

비료는 우리나라와도 연관이 깊다. 한반도를 강탈한 일제는 한국을 식량 생산 기지로 만들면서 곡물 수탈의 양을 늘리고자 1927년 흥남에 흥남비료공장을 만든다. 직원 4000명 규모에 매년 45만 톤의 질소 비료와 폭약을 생산하는 아시아 최대 규모의 비료 공장이다. 당시 유럽에 비료 공장이 처음 생긴지 10년 남짓 되었다는 것을 볼 때, 이는 전 세계적으로도 엄청난 규모였다. 물론 직원들은 강제 동원된 우리 민족이었으며, 이곳은 열악한 처우와 작업량, 폭력으로 악명 높은 곳이었다. 그리고 일제는 이 공장에서 생산된 비료와 폭약을 바탕으로 한반도 식량 수탈 양을 늘리고 이후 중국 침략과 태평양 전쟁을 벌인다.

해방 후에도 이 흥남 비료 공장은 우리 민족 역사의 방향을 좌우한다. 남과 북의 이념 성향이 갈리며 분단되자 북한은 일방적으로 남한에 비료 공급을 중단한다. 그동안 전적으로 북한 비료에 의지하던 남한은 식량 생산이 급감하여 큰 흉년이 들고 쌀값이 수십 배나 폭등한다. 이 때문에 서울과 지방에서 배고픈 시민의 폭동이 급증하고, 결국 1946년 대구 10.1 유혈 사태 같은 전국적인 사회 대혼란이 시작된다.

그리고 이 혼란은 비극적 역사인 제주 4.3 학살 등으로 이어진다.

6 · 25전쟁이 터지면서 이 공장이 폭약을 만드는 곳인 탓에 주요 전략목표가 되어 미군의 폭격을 받아 폐허가 된다. 거대한 공장은 벽돌 잔해만 남았다. 하지만 이 공장의 중요성을 안 북한은 사전에 중요 부품과 인력을 빼돌렸고, 휴전 후에 온 힘을 다해 급속히 원상 복구를 해낸다.

새로 완성된 흥남비료공장에서는 다시 수십만 톤의 비료가 생산됐고, 이것은 전후 북한 경제를 살리는 데 큰 역할을 한다. 이 덕에 북한은 60년대까지 남한보다 더 빠르게 발전하며 고도성장을 이룬다.

하지만 아이러니하게도 북한의 몰락 원인중 하나가 이 흥남 비료공장이기도 하다. 전후 수십 년간 합성 비료를 생산하며 북한 경제를 떠받쳤으나 1990년대에 들어서자 부품 노후화가 심각하게 진행된 것이다. 가스 압축기 같은 주요 부품을 교체해야 했지만 소련과 공산권이 몰락하는 바람에 북한에 외부 지원이 끊기고 외화가 급감해서 제때 교체할 수 없었다. 또한 체제 안전을 이유로 전략무기인 로켓 개발에 자금을 쏟아붓고 있던 터라 비료 공장 수리는 뒷전으로 밀리고 만다. 결국 1994년 대기근 전 비료 생산은 거의 중단되고, 자연재해까지 겹쳐 북한에 사상 최악의 대기근이 터진다. 일명 '고난의 행군'이다. 이때 100만~200만 명의 아사자가 발생하며 북한은 엄청난 타격을 입고 몰락의 길에 들어선다. 이렇게 흥남 비료 공장은 100년간 한반도에 엄청난 영향을 미쳤다.

인류 식량 증산에 획기적인 역할을 한 합성비료는 현재 사용량이 서서히 줄어들고 있다. 토양의 산성화와 수질 오염을 유발하고 작물의 과다한 질소 함량이 인체에 부정적 영향을 끼친다고 보고되고 있기 때문이다. 또한 소득수준 향상은 참살이(웰빙) 열풍을 불러왔다.

한국은 2014년에 45만 톤의 비료를 사용했는데, 10년 전 75만 톤에 비해 크게 감소했다. 하지만 좋다고만 볼 수는 없는 것이, 농지축소의 영향도 크기 때문이다. 현재 우리의 식량 자급률은 23퍼센트 수준이라는 것을 명심해야 한다. 또한 근 몇 년 내 한반도에 태풍과 홍수, 가뭄 등 큰 자연재해가 없어 대풍년이 이어졌던 것에도 주목해야 한다.

잠깐의 행운에 취해서는 안 된다. 2015년, 전 세계는 기상 관측 이래 평균 기온 최고치를 경신했으며, 강력한 엘리뇨가 찾아왔다. 아울러 한반도에도 심각한 가뭄이 들었다. 여름조차 비가 적은 마른 장마였다. 강수량은 예년 평균의 절반가량으로 급락했고, 전국 주요 댐은 바닥을 드러냈다. 남한은 그나마 잘 정비해둔 수리시설로 이를 어떻게든 극복했지만 북한은 100년 만의 가뭄으로 심각한 상황이 되었다. 앞으로 우리의 미래가 우려되는 이유다.

3장

고난의 시대

고대 기근

우리의 먼 조상인 구석기인은 원숭이와 비슷한 정도인 작은 체구일 것이라는 선입견과 달리 체격이 좋았다. 화석 등으로 파악된 1만 2000년 전 후기 구석기인은 평균 신장이 남자는 175~177센티미터, 여자는 165센티미터 이상이다. 수렵 채집 생활을 하며 고기, 과일, 야생 곡물, 견과류, 해산물 등을 골고루 먹어 영양 상태가 좋고 건강했던 것이다. 당연히 질병도 적고, 키와 체격이 커서 요즘 건장한 청년들과 다를 바 없었다. 최근 '구석기 식단 다이어트Paleo Diet'가 열풍인데, 이것도 위 연구 결과를 바탕으로 한 것이다. 딱히 음식을 제한하거나 굶지 않고도 신선한 과일과 채소, 고기류에 약간의 곡류를 골고루 섭취하면 마음껏 먹고도 건강해지면서 날씬해진다는 것이다.

그런데 이후 신석기 시대에 들어서면서 농사가 도입되자 남자는

160센티미터, 여자는 152센티미터로 키와 체격이 급격히 줄어든다. 농사에 의존하면서 육류 섭취가 줄어들고 고된 노동이 시작됐으며, 무엇보다 수확기 직전에 부족한 식량 때문에 정기적인 굶주림이 시작된 탓이다. 이는 조선시대를 넘어 근대까지 쭉 이어져 1만 년간 벗어날 수 없는 숙명이 된다. 인간의 삶이 굶주림의 연속이었던 것처럼, 대기근 관련 기록도 역사에 무수히 많다. 그중 성서 창세기편에 나오는 이집트의 요셉 이야기가 아마 제일 유명할 것이다. 파라오 왕이 일곱 마리 살찐 황소와 일곱 마리 마른 황소의 꿈을 꾸고 걱정할 때 노예 요셉이 장차 7년간 대기근이 닥쳐올 것으로 예견하고 이후 재상이 되어 슬기롭게 이를 대비했다는 내용이다.

또한 이집트의 피라미드도 과거에는 국민을 노예처럼 혹사해서 만든 것으로 알려졌지만, 오늘날에는 노동자가 임금을 받고 일했다고 다시 연구되고 있다. 당시 나일강 범람으로 흉년이 들고 기근이 생기자 왕조가 피라미드 건설 작업을 시작해 가난한 백성에게 빵과 일자리를 주었다는 것이다.

이집트와 함께 4대 문명 중 하나인 중동의 메소포타미아도 찬란한 문명을 꽃피웠지만 3백 년간의 긴 가뭄 탓에 결국 몰락했다고 알려져 있다. 그 외 북미의 아나사지 문명, 중미의 마야 문명, 남미의 티와나쿠 문명, 동남아시아의 앙코르와트 문명도 모두 대가뭄과 기근으로 멸망했다. 이 고대 문명은 초기 발달된 지식으로 수로를 정비하고 물 관리를 잘해 찬란한 문명을 만들었지만 결국 수십 년에서 수백 년간 지속된 대가뭄에는 버티지 못했던 것이다.

가뭄은 인간에게 가장 무서운 재난이다. 가뭄은 필연적으로 굶주림과 대기근을 야기하며, 이는 국가와 문명을 뒤흔들고 역사에서 사라지게도 한다. 지진이나 화산 폭발, 홍수와 같이 요란하진 않지만 조용히, 지속적으로 인간과 문명의 목줄을 죄는 것이다.

중국과 우리나라에도 가뭄과 기근 관련 기록은 무수히 많다. 2세기 말 중국 후한 시대, 대기근이 닥쳐 많은 백성들이 굶주림과 돌림병으로 죽어갔다. 뉴질랜드 타우포 화산의 대분화로 일시적 소빙하기가 도래한 것이다. 이 때문에 수년 동안 대기근이 들어 풀뿌리와 흙은 물론 자식까지 잡아먹을 정도였는데도 관리와 황제의 수탈은 더욱 가혹해졌다. 이에 장각이 백성들을 선동해 들고 일어나 난리를 일으켰는데, 이것이 바로 황건적의 난이다. 그러자 조정에서는 난을 진압할 의용군을 모집했는데, 여기에 유비와 관우, 장비가 모여 의형제를 맺고 참가한다. 그리고 이후 제갈공명까지 합류하면서 유명한 삼국지의 드라마가 시작되는 것이다. 삼국지 이야기 내에도 가뭄과 기근, 군량미 확보 때문에 노심초사하는 부분이 많다.

명나라 태조인 주원장도 가난한 소작농의 아들로 어렵고 참담한 어린 시절을 보내야 했다. 대기근으로 그의 부모와 형제들이 영양실조와 전염병으로 죽고, 뿔뿔이 흩어져버린 것이다. 소년 주원장은 굶주리다 못해 절에 들어가 승려가 되어 탁발승으로 몇 년 동안 거지처럼 전국을 떠돌아다녀야 했다.

270년쯤 뒤 명나라의 멸망 원인 역시 가뭄과 대기근이 주요 원인이었다. 임진왜란 때문에 조선에 파병했지만 몇 년간의 전쟁은 명나라에게도 재정적으로 큰 타격을 주었다. 나약한 황제가 통치하면서 나라는 점점 더 어지러워졌고, 조정과 관리의 부패, 특히 환관으로 인한 피해는 점점 더 심해졌다. 결정적으로 당시는 소빙기의 절정기였다. 강력한 한파가 지속되자 북방 민족이 남하하기 시작했다. 명나라는 당시 최신 화포류를 다량 장비하고 병력 수도 많아 객관적으로 전력의 우위에 있었지만, 결과는 달랐다. 이민족 북방 오랑캐(후금)의 침입을 막으려고 고군분투했지만 부패한 관리와 군은 밀려났다. 여기다 1640년~1642년 사이 중국 대륙에 역사적인 대기근이 시작된다. 먹을 것이 없어 사람을 잡아먹고 곳곳에 인육시장이 설 정도였다. 하지만 조정은 군비를 마련하느라 수탈을 멈추지 않았고, 이어 전염병(흑사병)까지 돌자 백성들은 열에 칠팔이 죽어나간다. 삶이 피폐해지고 민심이 떠나자 곳곳에서 유민과 농민 반란, 도적떼가 들끓게 되는데, 결국 1644년 명나라는 대치하던 북방 오랑캐가 아니라 후방의 이자성의 난 때문에 멸망하고 만다. 하지만 이들도 곧 진압되고, 청나라의 시대가 새롭게 시작된다.

조선의 기근

명·청(후금) 접전 시기 이웃 조선의 상황은 어떠했을까. 역시 혹독한 추위와 잦은 기근으로 조선 백성의 삶은 나락으로 떨어졌으며, 후금의 위협으로 시국도 혼란스러운 상태였다. 그간 명과 후금 사이의 압박 속에서도 광해군의 절묘한 중립 외교로 별 일 없이 잘 버틸 수 있었으나 평화는 곧 깨진다. 반정으로 광해군이 쫓겨나고 집권 세력이 명나라를 떠받들고 후금에 반대하는 친명배금 정책을 노골적으로 내보이자 전쟁의 기운이 높아진다. 결국 1627년 1월, 정묘호란이 발생한다. 후금이 명나라와의 결전을 앞두고 사전에 조선을 정벌하고자 얼어붙은 압록강을 넘어 조선으로 쳐들어온 것이다.

바로 이 시기 병정대기근이 터진다. 1626년(병인년)과 1627(정묘년)에 극심하였고 이후에도 무려 2년간 더 지속된 대기근이다. 이전부터 이상 기후 때문에 굶주림이 일상이었지만 이때의 대기근은 결정타였다. 함경도에서 남부지방과 제주도까지 전국을 강타하며 수만 명이 아사한 대재앙이었다.

거리 곳곳엔 아사한 시체와 뼛조각들이 널렸고, 살아 있는 자들은 집을 떠나 유민이 되거나 도적떼가 될 뿐이었다. 대흉년으로 조세가 걷히지 않는데 이재민 구휼까지 해야 하는 상황이 되자 조선의 재정은 바닥을 치고 큰 타격을 입었다. 이 때문에 조만간 후금과 결전을 벌여야한다는 것을 알면서도 군사력을 키울 수 없었던 것이다.

이런 상황에서 정묘호란이 발발하자 임금은 곧바로 백성을 버리고 강화도로 피난을 갔다. 이에 화가 난 한양의 백성들이 조정 식량 창고에 불을 지르면서 구휼 식량마저 다 타버려 식량 사정은 더욱 악화됐다. 임진왜란 때의 복사판이었다. 또한 이 4년의 병정대기근 동안 역모 사건이 5회나 발생한다. 그만큼 조선 백성의 상황은 최악이었던 것이다.

이때가 인류사 1만 년 내 최대 규모의 소빙기였던 만큼, 재난은 쉽게 끝나지 않았다. 오히려 갈수록 이상 저온과 대기근의 피해가 더욱더 심해지고 일상화되고 만다. 병자호란 후 북벌 정책을 추진하며 군사력을 키우던 효종도 계갑대기근(1653~1654)으로 타격을 입는다. 당시 조선에 표류해 왔다가 한양과 남해에서 생활하던 네덜란드인 하멜은 그의 보고서에 이때의 혹독한 추위를 자세히 기록했다. 그의 기록에 의하면 11월 말에 이미 한강의 얼음이 두껍게 얼어 말과 우마차가 다닐 정도였고, 유배 생활을 하던 남해에도 엄청난 눈이 쌓여 사람들이 굴을 파 이동했다. 이 때문에 전국 곳곳에 기근을 피해 떠도는 유랑민이 넘치고, 아사한 시체가 길거리에 쌓였다고 한다.

4년 뒤인 1660~1661년에도 이상 저온으로 큰 기근이 들었다. 초여름에 서리가 내리고 우박이 떨어지는 기상 이변이 계속되었다. 설상가상으로 백두산 폭발(1668년)과 지진, 혜성, 유성의 출현까지 일어나 기상 이변과 백성의 피해는 점점 늘어났다. 그리고 이는 결국 10년 뒤 한민족의 최대 시련이라는 경신대기근(1670~1671)과 을병대기근(1695~1696)으로 이어져 각각 100만 명의 아사자를 낳는다. 이때의 참혹했던 기억은 한민족에게 한의 기원이 되며, 현재까지 잠재의식 속에 많은 영향을 미치며 나타나고 있다.

그렇다면 우리나라에서 기근은 얼마나 자주 있었던 것일까. 실록이나 문헌에 의하면 조선시대에만 100회가 넘으며, 대략 5년에 한 번 꼴이었다. 그중 큰 피해를 끼친 전국 단위의 대기근은 25회가량이다. 20년마다 대기근이 발생한 것이다. 하지만 매년마다 보릿고개가 있었으며, 특히 17세기 전후에 이상 기후 때문에 대기근이 집중되어 돌이킬 수 없는 큰 피해를 주었다.

그럼에도 조선이 국가와 왕조를 유지했다는 것은 흥미로운 점이다. 비슷한 시기 중국과 서양은 유례없는 강추위와 대기근을 겪으며 왕조와 국가가 몰락하거나 바뀌었기 때문이다. 혹은 이상 기후가 마녀의 장난과 심술이라는 이유를 들며 수많은 여자들이 화형대에 올라 죽은 것과 비교해도 우리나라의 상황은 특이하다.

이는 조선만의 독특한 유교식 재난관에 기인한다. 천지인. 즉 하늘과 땅, 인간의 조화와 상하의 예의를 강조하는 나름의 이치 말이다. 조선 사람들은 인간이 오만하고 분별을 잃으면 하늘이 벌을 내려 이를 바로잡고자 심판한다고 생각했다. 특히 임금이 수신修身을 게을리하고 덕이 모자라면 재난이 일어난다고 생각했는데, 이 때문에 큰 재난마다 임금은 신하들에게 고초를 겪어야 했다. 좀 더 수양을 하고 자숙하며 선정을 펼치라는 신하의 성화와 재촉이 이어진 것이다. 심지어 검소하지 못하고 낭비한다는 비난을 들으며 술과 수랏상 반찬 수를 줄이고 기우제에 끌려다녀야 했다. 경신대기근 등 재임기간 내내 재앙이 끊이지 않았던 시대에 왕위에 오른 현종이 조선 27명의 왕 중 유일하게 후궁을 두지 않은 것도 이 때문일 것이다.

조선시대에 기우제는 122번이나 열렸고, 세종 시대에만 무려 33번이 열렸다. 문무백관이 다 모인 제단 위에서 임금은 하늘을 향해 자신의 죄와 부덕함을 고하고 하늘의 노여움이 풀리기만을 간절히 비는 약한 모습을 보여야 했다.

우리의 생각과 달리 조선 중기에 들어서면서 임금의 힘과 권한은 더 작아졌으며, 주위를 둘러싼 사대부에게 눌려 끌려다니곤 했다. 이 때문에 17세기에 갖가지 재난으로 백성들이 큰 고통을 겪는 중에도 숭명배금, 예송논쟁 같은 대의명분과 이상만 추구하는 당파 싸움이 지속된 것이다. 그리고 집권층은 백성들의 불만과 화를 잠재우고자 유교식 재난관과 더불어 가난과 기근은 나랏님도 구하지 못한다는 인식을 퍼트렸다.

중세 소빙기의 시대

1만2500년 전, 지구상 마지막 빙하기가 끝났다. 뉴질랜드의 타우포 화산이 2만5000년 전에 대분화를 일으켜 유발된 빙하기가 무려 1만2천 년이나 지속된 것이다. 이때의 분화 규모는 7만 년 내 최대 규모로, 뿜어져 나온 엄청난 양의 화산재와 먼지, 연기가 지구 대기권을 뒤덮었다. 그리고 땅이 꺼진 자리엔 물이 고여 지름 30킬로미터, 깊이 180미터의 거대한 호수가 생겨났다. 이것이 타우포 호수로, 현재 뉴질랜드에서 가장 큰 호수며 유명한 관광지이기도 하다.

1만 년이 넘는 빙하시대는 인간에게 정말 가혹한 것이었다. 오랜 기간 굶주림을 견디고 추위와 싸워 생존한 인류는 불과 몇천 명이었다. 이는 생명체의 유전적 다양성을 겨우 확보할 수 있는 마지노선이었으며, 어찌 보면 기적인 셈이었다. 만약 빙하시대가 500년만 더 지속되었다면 인간이라는 종은 살아남지 못했을지도 모른다.

큰 위기를 극복한 인류는 이후 정착해 농사를 지으며 인구수를 크게 늘려나갔다. 또한 점차 갖가지 도구를 사용해 맹수를 제압할 수 있는 힘을 얻고, 문명과 문자, 금속 제련법을 발명하면서 최고의 번영기를 누린다. 그렇게 기원전 후 세계 인구는 2억 명으로 늘어난다.

하지만 빙하기를 불러온 타우포 화산이 서기 180년경 또 한 번 심술을 부리며 대분화를 일으킨다. 2만5000년 전 대분화에는 미치지 못했지만 그래도 상당히 큰 규모였으며, 많은 화산재와 먼지가 지구를 뒤덮어 중국과 로마의 역사서에도 기록될 정도였다. 이 때문에 지구는 또 한 번 기온 급강하를 겪으며 일시적인 소빙하기를 겪는다. 이 때문에 대흉작이 되자 인류는 대기근을 겪는데, 앞에서 말했듯이 이것이 삼국지의 시대 배경이다.

이렇듯 마지막 빙하기는 1만2500년 전에 끝났지만 지구의 역사를 놓고 보면 수만 년 주기로 여러 번의 큰 빙하기가 반복되어 왔다. 지금은 그 사이, 잠시 온난한 간빙기인 것이다. 하지만 마냥 안심할 수는 없는 것이, 사이사이 일시적으로 급격히 추워지는 소빙기가 여러 번 찾아왔었기 때문이다.

대빙하기는 초기 인류의 생존에 가장 큰 장애물이었고, 심지어 인류라는 종 자체가 사라질 뻔 했다. 이후 소빙기는 인류에 대기근과 강추위라는 혹독한 시련을 주었다. 이 때문에 역사가 바뀌고 심지어 왕조나 문명이 몰락해 새로운 시대가 시작되는 계기가 된다.

낙원에서 지옥으로

암흑시대라 불리던 중세는 의외로 따뜻하고 풍요로운 시기였다. 평균 기온이 현재보다 0.7~1도 정도 높은 온화한 기후 덕에 농작물이 무럭무럭 자라나 풍년이 이어졌다. 일명 중세 온난기다. 그러나 1300년대 초, 갑자기 날씨가 나빠지고 기온이 떨어지기 시작했으며, 1400년경부터 평균 기온 이하로 기온이 내려간다. 이 때문에 탐스럽게 자라던 밀과 포도가 시들고 경작지가 줄어들면서 유럽에 대기근이 시작된다. 그래도 당시 사람들은 이를 일시적인 일로 치부하고 곧 날씨가 좋아질 거라 기대했다. 서기 180년의 타우포 화산으로 야기된 서늘한 기후와 기근이 몇십 년 만에 회복된 것처럼 긍정적으로 생각한 것이다. 하지만 서늘한 기후는 계속 이어졌고, 점점 더 심해지기만 했다. 인류 역사의 긴 소빙하기가 시작된 것이다. 그리고 이 소빙하기는 이후 1800년대 말까지 무려 500년간 진행된다.

중세 소빙기는 역사 기록 외에 나무 나이테, 빙하의 얼음, 동굴에

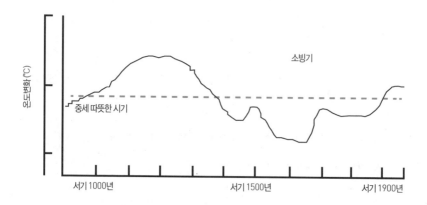

쌓인 석순, 호수의 퇴적물 등을 분석하는 현대 과학으로 비교적 자세히 밝혀졌다. 이것으로 몇십 년 단위로 상세하고 정확하게 과거 당시의 기온과 강수량 등의 기상 상태를 밝혀내었으며, 그 결과가 위의 그래프다.

지구 전체 기온이 떨어지는 소빙기 시대라지만 평균 기온은 불과 1~2도 정도밖에 떨어지지 않았다. 하지만 사람이 많이 사는 중위대는 기온이 엄청나게 하락했다. 겨울에 전에 보지 못한 강추위가 닥쳐왔고, 폭설이 자주 내렸다. 여름에도 눈과 우박이 내리고 가뭄과 폭우가 교차해 기껏 심은 농작물이 초토화되었다. 그 당시 사람들에게 굶주림과 대기근은 일상이었다.

지구가 추워지는 이유는 주로 태양 활동이 약해지는 주기와 깊은 연관이 있다. 태양 흑점이 줄어들고 활동이 적어지면서 광량이 줄어들면, 지구도 서서히 냉각된다. 이외에도 대형 화산 폭발이나 운석, 혜성의 등장 등으로 생긴 먼지와 재가 지구를 둘러싸 태양광을 막아 기온을 내리는 역할을 한다. 17세기의 경우, 화산 폭발, 혜성, 유성이 모두 해당되었다. 이외에 북극진동 이상설도 있다. 이는 북극을 둘러싸고 흐르는 찬 공기 소용돌이Polar Votex가 약해지면서 극냉기가 중위도로 내려오는 현상을 말한다. 이때는 전무후무한 사태였던 만큼 여러 요소가 모두 복합적으로 진행된 것으로 보인다.

소빙기 중에서도 1600년대부터 1700년대까지가 소빙기의 절정기였다. 1783년, 유럽에서 아이슬란드 라키 화산이 8개월간 대폭발을 일으킨다. 이는 1000년 내 최대 화산 폭발로, 아이슬란드는 초토화되고 국민의 3분의 1인인 9천 명이 죽었다. 또한 뿜어져 나온 화산재 구름이 유럽 전역을 안개처럼 뒤덮어 가뭄과 폭우 등 기상 이변과 겨울 혹한이 더 극심해졌다. 설상가상으로 유독가스와 재가 비에 섞여 내려 농사는 망하고 이를 먹은 가축들이 떼죽음을 당했다. 유럽 곳곳에서 잇따라 엄청난 기근이 시작됐는데, 밀가루 한 자루의 값이 6~8배 이상 폭등하고 가난한 자들이 먼저 쓰러지기 시작했다. 도시 뒷골목에서는 식인 소문까지 돌 정도였다. 당시 성직자나 시인들은 '세상의 종말', '지옥', '심판' 같은 말로 세기말적인 암울한 분위기를 전했다.

> 1600년에서 1800년 사이 프랑스에 주요 기근만 26건이 발생했고 각 지역마다 셀 수 없이 많은 소규모 기근을 겪었다. 1696년 핀란드 인구의 3분의 1이 굶어 죽었고… 중국과 인도는 1555년과 1592년에 기근으로 수백만 명이 죽어 모든 지역이 텅 비어 버렸다.
>
> ─『식량의 종말』, p50

또한 공교롭게도 이 해 일본에서도 대규모 화산 분화가 연달아 일어나며 피해가 커졌다. 1783년 4월에는 이와키 산이, 8월에는 아사마 화산이 대폭발을 일으켜 일본 각지에 화산재가 쏟아져 내렸다. 화산 피해와 냉해 등 기상 이변은 농작물을 망치고 대흉년을 불러왔는데, 이것이 일본 역사상 최악의 대기근이라는 텐메이 대기근(1783년 ~ 1788년)이다.

이처럼 이때 전 지구적 가뭄과 기근은 유럽은 물론 아시아에도 큰 영향을 미쳤다. 굶주림 때문에 전쟁과 혁명, 폭동, 반란이 수시로 일어났고, 결국 국가나 왕조가 몰락하거나 바뀌었다. 1568년 네덜란드의 독립전쟁, 1618년 유럽의 30년 전쟁, 1640년 영국 청교도 혁명, 1640년 중국의 이자성의 난과 명청의 교체, 1775년 미국 독립 전쟁, 1789년 프랑스 대혁명 등이 대표적이다. 또한 전염병과 빈곤은 사람들을 괴롭혔고, 종교와 사상, 문화를 바꾸었으며 역사적인 발명을 이끌기도 했다.

"빵이 없으면 케이크를 먹으면 된다."

마리 앙투아네트가 했다고 알려진 이 말은 사실 와전된 것이다. 그러나 세상물정 모르고 풍요로운 삶을 즐기는 왕족이 배고픈 국민에게 얼마나 무심한지를 보여주는 말로 유명해졌다. 이 말이 나온 계기 역시 중세 소빙기의 연이은 대흉년으로 프랑스 국민들이 빵 한 조각 먹지 못해 굶주리고 정부의 가혹한 세금 징수로 고통받으면서 시작된다. 백성은 굶주리다 줄줄이 쓰러지는데 왕과 귀족은 연일 파티를 열며 사치와 향락만을 일삼는다는 소문이 퍼졌다. 국민의 불만이 극에 달한 상태에서 저런 근거 없는 유언비어까지 퍼지자 시민들은 더 이상 참지 못하고 일어선다. 이는 프랑스 대혁명의 불씨가 되고, 결국 국왕 루이 16세와 왕비인 마리 앙투아네트는 단두대에서 목이 잘리고 만다.

사실 이들이 폭군이거나 특별히 사치와 향락이 심한 것은 아니었다. 루이 16세는 소심하고 내성적인데다가 소소한 취미 생활을 하며 혼자 있는 것을 좋아했다. 왕비인 마리 앙투아네트 역시 사치가 크게 심한 것은 아니었으며, 밝고 상냥한 성격이기도 했다. 그럼에도 불구하고 당시 굶주림과 관리의 수탈에 성난 민중들은 유언비어를 믿고 분풀이의 대상을 찾은 것이다.

오히려 루이 16세는 당시 유럽의 기상이변 때문에 발생한 연이은 대흉년을 타개하려고 미국의 독립혁명과 인도 지방 왕조가 커지도록 지원하기도 했다. 신대륙, 구대륙에 군대를 파견하고 돈과 장비를 지원하며 라이벌 영국과 싸운 것이다. 하지만 극심한 재정난에 시달리기만 하고 실질적으로 수년간의 전쟁으로 얻은 것은 없었다. 결국 이것이 시민들의 고통을 더욱 가중시켰고, 이후 혁명의 주요 원인이 되었다.

이렇듯 17세기의 소빙기는 식량 문제를 넘어 사회적 동요와 시민혁명으로 이어졌다. 이 힘으로 유럽은 중세 봉건제에서 초기 민주주의로 넘어갈 수 있었다. 그리고 이를 바탕으로 근대 자본주의와 산업혁명이 등장해 인류 역사의 큰 전환점이 되었다.

겨울이 바꾼 문화

소빙하기 시기 유럽의 겨울 날씨는 혹독했다. 영국 런던의 템즈강이 얼어붙어 사람과 마차가 그 위를 다녔으며, 여자들의 패션도 변했다. 이때의 기록화를 보면 여러 겹의 옷과 모피 코트로 단단히 무장한 여자가 얼굴을 현대의 스키 마스크 같은 것으로 덮었다. 머리는 물론 얼굴까지 대부분 가려야 할 정도로 추위가 심했던 것이다.

추위를 견디는 데는 털이 많고 따뜻한 모피코트만 한 것이 없는데,

특히 상류층에서 아주 인기였다. 모피 수요가 늘자 주요 공급처인 러시아는 계속 동으로 이동하며 영토를 넓히고 결국 시베리아와 무주공산 알라스카를 차지한다.

　현대까지 바이올린의 신화가 된 스트라디바리우스도 이 시대의 산물이다. 스트라디바리우스는 지금도 따라갈 수 없는 음색과 분위기를 낸다고 하여 수십에서 수백억 원에 거래되기도 하는데, 스트라디바리우스의 비결은 뭘까. 이 역시 당시의 소빙하기가 주원인이라고 추측할 수 있다. 추운 날씨 탓에 나무가 단단하고 밀도 있게 자라면서 균일한 나이테가 만들어진 것이다. 그리고 이런 조건이 교묘히 맞아 떨어져 소리의 파장을 색다르게 만들었다. 2008년에는 과학자들이 엑스선 촬영과 여러 실험을 해서 이 주장을 뒷받침하기도 했다.

조선의 복식과 생활 문화도 소빙기 전후로 많이 바뀌었다. 추위를 견디려고 머리를 덮고 가리는 것들이 많이 만들어지고 또 널리 퍼진 것이다. 여성의 대표적인 방한모로 '아얌'이 있는데, 화려한 술과 장식을 앞뒤로 달아 화사한 것이 특징이다. 애교와 귀여움을 나타낼 때 자주 쓰이는 '아양 떨다'라는 말도 이 아얌에서 유래된 것이다. 여기에 귀를 덮는 부분이 추가된 '조바위'는 현대 사극에서도 종종 보이며 우리에게 친숙하기도 하다. 그리고 본격적인 외부 활동용으로 좀 더 두꺼운 '남바위'와 '풍차'가 있다.

사극에서 자주 나와 잘 알려진, 여자들이 뒤집어 덮는 '장옷'도 실은 방한용이라는 설이 있다. 뒤집어쓰고 눈만 배꼼이 나오는 탓에 남녀유별 때문에 생긴 옷이라고 다들 알고 있으나 실제로는 겨울 방한용으로 요긴해 대중화된 것으로 보인다.

한국인에게 종교이자 정신적 지주 같은 온돌도 소빙기 때 널리 퍼진 것이다. 조선 전기만 해도 맨 흙바닥에 판자나 두꺼운 멍석, 아니면 깔개를 깔고 버티는 수준이었다. 이는 서민이나 사대부의 집, 그리고 궁궐도 마찬가지였다. 궁궐이나 부잣집에서도 온돌방은 겨우 한두 칸에 불과했고, 그마저도 병자나 노약자용의 치료 시설 개념이었다. 그러다 혹독한 추위가 시작되자 전국적으로 널리 보급되기 시작한다. 조선왕조실록을 보면 17세기 초 광해군 때는 초가집이라도 대부분 온돌을 사용하고 있다고 나온다. 당시 노인들이 요즘 젊은이는 온돌 때문에 나약해졌다고 한탄하기도 했다.

조선에 표류해온 하멜도 한양에서 겨울을 났다. 그는 매일 수십 킬로미터를 걸어 야산에 나가 나무를 해오고 가진 돈으로 방한복과 땔감을 사는 것이 힘들었다고 적고 있다. 하지만 온돌이 대중화되자 부작용으로 땔나무가 부족해지고 야산이 황폐화되기 시작했다. 19세기 말에 여러 선교사들이 조선을 방문했는데, 대부분의 산이 나무가 없는 황량한 민둥산인 것을 보고 신기하게 여겼다고 한다. 지금의 북한과 같은 모습이었던 것이다. 그리고 이 민둥산은 1970년대에 산림녹화 사업을 실시하고 연탄이 보급되면서 비로소 달라진다.

흉년식량

감자

현재 세계 4대 식량으로는 쌀, 밀, 옥수수, 그리고 감자가 손꼽힌다. 주목할 것은 감자의 엄청난 생산량이다. 감자는 수확량이 많기로 소문난 쌀이나 옥수수보다 무려 네 배 이상 생산량이 많다. 73억 세계 인류를 먹여 살리는 중요한 식량자원으로, 1헥타르(10,000제곱미터)당 수확량이 쌀 6톤, 밀 4톤, 옥수수 6톤인데 감자 26톤에 달한다(통계청, 2013년 한국 기준). 또한 생육 기간이 150일 정도인 쌀과 밀에 비해 감자는 100일로 무척 짧다. 추위에도 강해서 2모작이 가능하며, 이 방식대로 경작하면 생산량은 1년에 헥타르당 50톤까지도 올라갈 수 있다.

이런 이유로 감자는 전 세계적으로 많은 이들의 주식이며, 배고픈 사람을 살리는 대표적인 구황작물이다. 과거 척박한 땅인 아일랜드에 감자가 전해지면서 인구가 대폭증하기도 했고, 또 반대로 19세기에 감자 흑사병이 덮치며 감자가 다 썩어버리자 백만 명 이상이 굶어 죽는 대참사가 일어나기도 했다.

　이런 감자의 전파와 보급에는 아픈 역사가 있다. 감자의 원산지는 남아메리카로, 그곳 원주민들의 주식이었다. 그러다 16세기 피사로가 이끄는 스페인군에 의해 잉카 제국이 멸망한다. 이때 점령군 피사로는 금은보화와 함께 본국으로 감자를 보냈다. 그러나 감자를 처음 접한 유럽에서는 이것이 금은보다 더 귀한 것임을 몰라 환영하기는커녕 흉측한 외관과 성서에 없다는 이유로 '악마의 열매'라 부르며 한참 동안 금기시하고 외면했다. 잘못 보관한 탓에 감자에 싹이 났을 때 껍질째 먹은 사람들이 소화불량과 복통에 걸려 고생하자 이런 인식은 더 강해졌다. 감자의 싹에는 솔라닌이라는 독소가 있는데, 이를 잘 떼어내지 않거나 껍질을 벗기지 않고 먹으면 배탈이 난다.

　또한 초기 감자 품종은 너무나 맛이 없었다. 이 때문에 감자 조리법이 알려진 후에도 돼지에게나 줄 가축 사료로 인식되거나 예쁜 꽃만 보려고 관상용으로만 키우곤 했다.

　하지만 17세기 후반 소빙하기에 유럽 전역에 식량 부족 문제가 발생하면서 감자는 본격적으로 널리 퍼지게 된다. 무엇보다 높은 생산량 덕에 부족한 밀을 대신할 중요한 식량 작물로 인식된 것이다. 프랑스에서는 18세기에 무려 열여섯 번의 기근이 있었는데, 1789년 프랑스 혁명 이후 저렴한 감자는 서민의 보편적인 음식으로 자리 잡았다. 영국과 미국에서도 각각 '피쉬 앤 칩스'와 '프라이드 포테이토'로 주식처럼 애용되며 널리 퍼졌다.

우리나라에는 감자가 의외로 늦게 전해졌다. 1825년경 청나라에서 전해졌다는 기록이 있지만 맛이 없어 널리 퍼지지 못했다. 그러다 19세기 중후반 서양인 선교사가 널리 보급한다. 이 때문에 경신, 을병대기근같은 정작 필요한 시기에는 감자가 없었으며, 배고픈 이들을 구제할 수도 없었다.

현재 우리가 먹는 감자는 오랜 기간 품종 개량을 거쳐 달고 맛있게 바뀐 것이다. 이 때문에 한국에도 '허니버터칩' 같은 감자칩 스낵이 큰 인기를 끌고 있으며, 전 세계적으로도 10억 명 이상이 감자를 주식으로 먹고 있다.

UN은 지난 2008년을 '세계 감자의 해'로 지정했다. 감자는 기후나 고도에 상관없이 거의 모든 지역에서 쉽게 재배되며 어떤 작물보다 수확량이 월등하다. 이런 이유로 감자는 제3세계의 식량난을 구제하고, 또 앞으로 닥쳐올 인류의 식량 문제를 해결할 수 있는 중요 식량자원으로 주목받았다. 그런데 공교롭게도 그해 세계적인 식량난이 발생했다. 기후 변화로 국제 곡물값이 폭등한 것이다.

2015년, 중국 정부는 감자를 자국의 주식으로 육성한다고 발표했다. 현재도 해외로부터 많은 식량을 수입하고 있고 가뭄과 토지 사막화 등으로 식량자급률이 하락하자 식량 안보에 대비한 것이다. 중국 정부는 5년 내 감자 1억 3천만 톤 생산, 즉 45퍼센트 증산 계획을 발표하며 밀, 쌀보다 감자를 더 먹자는 캠페인을 벌이고 있다. 국영 방송에서도 감자를 이용한 요리를 소개하고, 학계나 식품업계에서는 감자를 이용한 빵, 아이스크림 등을 개발해 선전하고 있다. 아직은 쌀과 면에 익숙한 중국 국민이 거부감을 나타내고 있지만 중국 정부의 장기 식량 증산 계획이 시작됐다는 것을 우리도 유념해야 한다.

재밌게도 2015년에 히트한 SF영화 〈마션〉에도 감자가 중요하게 나온다. 근미래 화성으로 날아간 선발대 중 한 명이 사고로 홀로 조난당한다. 그는 다음 구조대가 올 때까지 척박한 화성 땅에 감자를 심고 온갖 과학 지식을 동원해 물을 얻고 이를 키워 식량 문제를 해결해 생존하게 된 것이다.

고구마

고구마 역시 원산지는 남아메리카로, 15세기 말 콜럼버스가 유럽에 가져 왔다. 아시아에도 비교적 일찍 수입되었지만 이상하게 조선과는 인연이 없었다. 16세기 말 선조 때 간간히 들여와 조정에 보고되었고, 기근 때 구휼 식량으로 유용할 것 같다는 보고도 올라왔지만 몇 번의 시험 재배가 실패하자 잊힌다. 그 후 1763년, 통신사로 일본에 간 조엄이 쓰시마 섬에서 고구마를 구해온 것이 최초라는 기록이 있다. 하지만 이때도 추위에 약한 고구마의 특성을 몰라 시험 재배 중 얼어 죽거나 추위에 상해 보급이 지지부진했다. 고구마는 기온이 따뜻한 곳에서 자라는 작물이고 겨울에도 상온에서 보관해야 상하지 않는데 이를 잘 몰랐던 탓이다. 유난히 추운 중세 소빙기의 악영향이라고도 할 수 있다. 그러다 감자와 비슷하게 19세기 중후반에 한반도 남쪽지방부터 재배가 확대되고 전국에 보급된다. 16세기 말 선조 때부터 19세기 말

전국적으로 재배되기까지 무려 300년이 걸린 것이다. 만약 선조 때 고구마가 보급되었다면 17세기 말 경신·을병 대기근 때 배고픈 백성들을 구휼하는 데 고구마가 큰 역할을 할 수 있었을 텐데, 안타까운 부분이다.

고구마와 관련한 한 가지 재밌는 일화가 있다. 임진왜란 때 선봉으로 조선에 쳐들어온 가토 기요마사加藤淸正는 전쟁 후반기 조선·명나라 연합군에 밀려 울산 왜성에 갇힌다. 중요한 적장이라는 상징성 때문에 조명 연합군은 평양성 전투 이후 최대 규모로 전력을 모아 성을 포위하고, 주위의 일본군도 원군을 보내온다. 양측을 합쳐 최소 12만 명 이상의 대병력이 대치하며 처절한 울산성 전투가 시작된다.

성에 갇힌 가토 기요마사의 1만 6천 병력은 처절한 방어전을 펼치며 조명 연합군을 겨우겨우 막아내고 있었다. 병력에서 월등하게 우세인 조명 연합군은 총공세를 펼쳤지만, 새로 축조된 튼튼한 일본식 성은 함락하기가 어려워 고전했다. 가토 기요마사 측도 성을 축조한 지 얼마 되지 않아 성 안에 식량과 물을 거의 준비하지 못했다. 특히 우물은 하나도 없어 전 병력이 심각한 굶주림과 갈증에 시달려야 했다. 기록에는 가토 기요마사조차 생쌀을 씹고 말을 베어 피를 마셨다고 하며, 일반 병사들은 죽은 동료의 인육을 뜯어먹는 처참한 상황이었다. 포위는 계속되고, 성 안의 병사들이 굶주림과 갈증으로 대부분 쓰러지고 가토 기요마사도 할복을 준비할 때쯤 기적적으로 수만 명의 구원병이 포위망을 뚫고 도착한다. 결국 조명 연합군은 성 함락 직전 아쉬운 철수를 할 수밖에 없었고, 가토 기요마사는 살아남게 된다.

전쟁이 끝나 일본으로 돌아간 가토 기요마사는 이때의 경험이 뼈에 사무쳤던 듯하다. 그는 곧바로 규슈에 규마모토 성을 짓는다. 그리고 임진왜란 때의 뼈저린 생존 경험을 되살려 성 안에 무려 120개의 우물을 파고 성 곳곳에 고구마와 감자를 저장해놓았으며, 비상시에도 먹을 수 있도록 바닥 다다미를 고구마 줄기로 짜놓았다. 어떤 공격에서도 살아남을 수 있는 난공불락의 성을 만든 것이다. 실제로 이후의 전란에도 이 성은 함락되지 않았고, 지금도 일본 3대 성으로 남아 있다.

옥수수

역시 원산지는 남아메리카로, 고구마와 마찬가지로 콜럼버스가 유럽으로 전달했다. 현재 우리가 잘 알고 있는 많은 작물들이 콜럼버스 덕택에 세상에 소개되었는데, 감자, 옥수수, 호박, 고추, 토마토, 카카오, 고무, 담배, 땅콩, 강낭콩, 해바라기 등이 그렇다. 긴 항해를 하며 신대륙의 황금을 찾으려던 그의 노력은 결국 다른 새로운 황금을 찾아 세상을 바꿨다.

옥수수는 의외로 빠르게 16세기 중엽 중국에서 조선으로 전파되었다. 쌀과 밀을 능가하는 높은 생산량, 높은 영양(지방 함량), 그리고 빨리 자란다는 이점 때문이다. 무엇보다 옥수수는 토질을 가리지 않고 척박한 땅에서도 잘 자라는 것이 큰 장점으로, 산비탈에서도 쉽게 재배된다. 이는 가난한 이들에겐 축복과도 같았으므로 옥수수는 빨리 퍼졌고, 기근 시에도 도움이 됐다. 하지만 단위 생산량이 높은 만큼 지력 소모가 무척 심한 것으로 유명하다.

비료가 없으면 옥수수 연작이 힘들어 꼭 휴지기를 가져야 한다. 이 때문에 강냉이 밥같이 옥수수를 주식처럼 이용하던 북한에서는 90년대 중후반 소련의 붕괴로 석유와 비료의 지원이 끊기자 근래에 보기 힘든 대기근이 들이닥쳤다. 앞서 말한 고난의 행군이다. 또 옥수수만을 주식으로 하면 특정 영양소의 결핍 때문에 '펠라그라 병'에 걸리는데, 당시 북한의 많은 어린이들이 굶주림과 함께 이 병에 걸려 큰 고생을 했다.

역설적이게도 석유와 비료가 풍부한 현대에는 옥수수 대량 생산이 가능하여 세상을 변화시키는 힘이 되고 있다. 또한 이것은 인구 폭증의 한 원인이기도 하다. 옥수수는 시리얼, 빵 등 제3세계 주요 구제 식량으로 쓰이는 것은 물론 식용유의 주재료로서 우리의 식탁을 기름지게 한다. 2011년, 중동 민주화 시위는 밀가루와 식용유 값 폭등에 화가 난 시민들의 항의로 시작된 것이다. 또한 옥수수로 만든 전분과 올리고당은 현대 인류의 식생활에 깊숙이 들어와 각종 식음료를 만드는 데 필수로 이용되고 있다. 또한 소와 돼지, 닭 같은 가축의 주요 사료로서 우리가 저렴하게 고기를 먹을 수 있는 원동력이다. 만약 옥수수가 없었다면 우리 아이들은 고기는 물론 맛있는 과자와 음료, 아이스크림조차 쉽게 사먹지 못할 것이다.

초근목피

초근목피로 연명한다는 속담이 있듯, 큰 기근이 들어 먹을 것이 떨어지면 조상들은 풀뿌리와 나무껍질을 캐거나 뜯어먹었다. 지금이야 그런 것들을 사람이 어찌 먹을 수 있을까 싶지만, 당시에는 영양을 생각하기는커녕 어떻게든 허기진 배를 채워 고통이라도 덜어야 했으므로 초근목피를 캐먹은 것이다. 단, 아무 나무껍질이나 먹을 수 있는 것은 아니고 소나무와 느릅나무 껍질 정도만 먹을 수 있다고 알려져 있다. 껍질을 떼어내어 갈아낸 후, 약간의 쌀가루와 소금을 섞어 쪄먹는다. 이렇게 나무껍질을 먹는 것은 조선뿐만 아니라 중국이나 러시아 쪽도 마찬가지였다. 1942년 중국 허난대기근 때의 기록 사진을 보면 마을 길가의 나뭇가지 껍질이 사람 높이만큼 하얗게 벗겨진 것을 볼 수 있다. 1930년대 우크라이나 대기근 때에도 사람들은 나무껍질을 먹었다고 한다. 나무껍질 외에 잎이나 싹도 먹을 수 있는 것들은 거의 모두 찾아먹었다. 솔잎, 뽕잎, 느릅나무잎 등이 먹을 수 있는 것이었다. 특히 솔잎은 기근 시에 많이 이용되었다. 조선 정부에서조차 흉년이 들었을 때 나눠주는 구휼죽에 솔잎을 일정비율로 갈아 넣어 양을 늘리도록 했다. 또 한편으로는 평소에 구휼 책자를 펴내 백성들에게도 솔잎 먹는 방법을 널리 알렸다. 지금 우리가 먹는 선식의 원조가 솔잎 등을 가루로 만들어 먹던 구황식이지 않을까 싶다. 2차 대전 때 독일에 포위되어 혹독한 대기근을 겪은 러시아 레닌그라드에서도 정부가 솔잎을 따서 시민에게 지급했다. 칡뿌리 또한 18세기 후반부터 널리 알려져 대표적인 구황 식물로 자리 잡았다. 사실 전부터 우리 주변의 야산에 지천으로 널려있었지만 의외로 먹을 생각을 못해 활용되지 못했었다. 그러다 세종과 성종 때에 기근 시 왜인들이 칡뿌리를 먹고 굶주림을 이긴다는 보고가 올라오며 기근 대책법으로 서서히 보급됐다. 이런 연유 때문인지 우리나라에는 지금도 칡국수 등 칡 요리가 다양하며, 사람들이 별미로 많이 먹는다.

이렇게 굶주림에 칡뿌리도 캐먹으며 기근을 이겨내려 한 것은 극동 아시아에서만 볼 수 있는 재미난 점이다. 서양 쪽은 아무리 배가 고파도 이렇게 많고 다양한 초근목피를 먹을 생각을 하지 못했다.

가난한 서민들이 제일 쉽게 구할 수 있는 양질의 먹을 것은 밤과 도토리였다. 밤과 도토리는 흉년 조짐이 들면 너도나도 야산으로 들어가 미리 거두어 비축하던 대표적인 구호작물이다. 조선왕조실록에도 굶주린 백성들이 밤과 도토리로 연명하였다는 부분이 자주 나온다. 우리 조상의 흉년 생존에 밤과 도토리의 공이 가장 컸던 것이다. 1995년부터 북한에 대기근이 시작됐을 때도 북한 주민이 야산에 올라가 떨어진 것은 물론 익지도 않은 밤과 도토리를 서로 따가는 바람에 다람쥐나 작은 동물들도 같이 굶주려 몰살됐다는 탈북자의 증언이 있을 정도다.

초근목피마저 떨어지면 최후로 흙을 먹기도 했다. 역시 아무 흙이나 되는 것은 아니고, 백토라 불리는 희고 깨끗한 고운 흙이 먹을 수 있다 한다. 과거 실록과 각종 기록에는 굶주린 백성들이 흙을 파먹었다는 기록이 무수히 나오며, 이는 중국이나 서양도 마찬가지다. 십 몇 년 전 한국의 한 TV 방송에서도 어느 지방에서 전래되어 오는 진흙 먹는 모습을 보여준 적이 있었다.

　놀랍게도 최근까지 기근이 심한 아이티에서는 아직도 진흙 쿠키를 먹기도 한다. 진흙 쿠키는 고운 진흙에 약간의 소금과 마가린을 넣고 손바닥 정도 크기로 반죽한 후 햇볕에 말린 것이다. 가난하고 배고픈 아이티 사람들, 특히 아이들은 이 진흙 쿠키를 먹으며 배고픔을 잊는 다. 이는 아프리카인의 가난과 굶주림을 상징하는 것이며, 우리나라 에는 최근 아이티 진흙 쿠키로 많이 알려졌다. 얼마 전, 우리나라 TV 프로그램에서 현지를 방문해 이를 특집으로 소개한 적이 있었다. 담 당 PD가 진흙 쿠키를 시험 삼아 한 입 먹어보았지만, 너무 뻑뻑하고 이상한 느낌에 곧 내뱉고 얼굴을 찡그리고 말았다.

　이렇듯 흉년이 들면 우리 조상들은 들판과 야산을 떠돌며 나무껍질 과 뿌리, 풀뿌리, 푸성귀 등 먹을 수 있는 것이라면 전부 캐내어 먹으

며 목숨을 연명하였다. 심지어 흙까지 파먹었으니 배고프지 않더라도 몸이 온전할 리 없다. 이런 것들을 계속 먹으면 소화불량과 장 막힘으로 큰 고생을 하다 고통스러워하며 뒹굴다 죽을 수도 있다. 지금 우리가 외국에서 보기 힘든 갖가지 나물과 푸성귀, 뿌리식물 등을 종종 먹는 것도 힘들고 배고픈 시대를 자주 겪으며 생존한 슬픈 유산이기도 한 것이다.

4장

역사를 바꾼 대기근

오드리 햅번의 생존기
(1945 네덜란드 대기근)

시대를 초월하는 히로인

120년 영화 역사를 살펴보면 전 세계에서 무수히 많은 영화가 만들어지고, 또 많은 영화배우들이 기억난다. 그중에는 시대를 초월하며 멋지고 아름다운 모습으로 최고 중의 최고라고 기억되는 명배우가 많다. 그 배우들 중에서도 단연 압도적으로 수십 년이 지난 지금까지 빛을 발하는 스타가 있으니, 바로 오드리 햅번 Audrey Hepburn (1929~1993)이다. 1953년 그녀가 〈로마의 휴일〉로 세상에 나타났을 때, 그녀는 영화판은 물론 전 세계를 발칵 뒤흔들어 놓았다. 글래머러스한 여배우들이 주름을 잡던 당시, 마르고 가냘파 보이는 그녀는 자유분방하고 매력적인 미소로, 하지만 어딘가 모르게 기품 있는 캐릭터로 주목받으며 최고의 히로인이 되었다.

그녀가 현대 대중문화에 끼친 영향력이 얼마나 큰지, 첫 영화에서 선보인 단발머리는 '햅번스타일'이라는 이름으로 사전에도 올라와 있으며, 지금도 전 세계 여성들이 꼭 한 번은 따라 하고픈 로망을 가지고 있다. 또한 〈티파니에서 아침을〉에서 선보인 말아 올린 헤어스타일에 검은색 긴 장갑, 검은 드레스도 햅번 드레스라며 우아함을 상징하는 세계적인 패션 아이콘이 되었다.

2015년 현재도 그녀의 얼굴이 새겨진 화장품이 신제품으로 나올 정도로, 고인이 된 지 20년이 지난 지금까지 영화사 사상 최고의 여배우로 기억되며 아직도 곳곳에 영향력을 미치고 있다.

하지만 우리가 배우 오드리 햅번을 시대를 초월한 진정한 아름다움의 대명사로 기억하는 이유는 은퇴 후 행한 선행과 아름다운 희생 때문이다. 그녀는 은퇴 후 우아하고 아름다운 곳을 떠나 험하고 위험한 오지로 향했다. 그녀는 60세가 다 된 나이에도 아프리카, 중동, 동남아시아 등 제3세계의 열악한 오지 판자촌, 난민촌, 빈민가, 대기근 지역, 전쟁터, 전염병 창궐 지역을 찾아 달려갔다. 20대 때부터 틈날 때마다 함께한 유니세프와 함께 생명의 위협을 받으며 굶주리고 병에 시달리는 아이들을 구제하고 도와준 것이다.

꾸밈없이 소탈한 모습으로 현지의 배고픈 아이들 대신 허드렛일을 하고 가슴 아파 눈물을 흘리는 모습이 담긴 많은 사진을 보면, 그건 어떤 대가나 자기 홍보를 노린 것이 아니었다. 위험이 닥쳐와 현지 아이들과 헤어져 이동해야 할 때도 그 누구보다 마음 아파하고 그전까지 열성적으로 구제에 매달렸다.

죽음과 공포가 일상인 제3세계 오지 마을에서 가냘픈 체구의 할머니가 바싹 마른 현지 아이들을 안아주고 미소 짓거나 우는 모습은 20대 시절 그녀의 아름다운 모습을 기억하는 전 세계 사람들에게 충격으로, 그리고 감동으로 다가왔다. 노년의 오드리 햅번이 보여준 모습은 젊었을 적인 세기의 미녀 이상으로 아름답고 고귀해 보였던 것이다. 하지만 아름답고 고귀한 그녀의 선행은 안타깝게도 오래가지 못했다. 1992년 9월, 죽기 4개월 전까지도 소말리아 내전과 대기근 현장에 있던 그녀는 갑작스런 통증으로 쓰러져 암 선고를 받았다. 그리곤 얼마 후인 1993년 1월, 세상을 떠났다. 향년 63세였다.

　국가와 단체 이외에 개인의 해외 자원 봉사 활동이 낯설던 당시, 그녀의 헌신적인 봉사와 희생의 모습, 그리고 갑작스러운 안타까운 죽음은 세상을 바꾸기 시작했다. 이에 감동받은 세계의 수많은 학생과 직장인, 주부와 은퇴자 등이 남녀노소를 가리지 않고 그녀를 따라 봉사 활동을 하러 떠난 것이다. 이것이 이제는 거의 일반화된 유명 연예인의 해외 봉사와 자선 활동의 모태가 되었음은 물론이다. 우리나라에서 '국민 엄마'라 불리는 김혜자 씨와 섹시 여배우의 대명사인 안젤리나 졸리의 자선 활동이 대표적이다. 안젤리나 졸리는 오드리 햅번을 따라 유니세프 친선대사로 있으면서 영화 작업 때 외에는 제3세계 인권 운동가이자 재난 지역 난민 캠프 구호 요원으로 맹렬히 활동 중이다.

　오드리 햅번, 그녀는 은막의 최고 스타로 시작해 죽기 직전까지 재난 현장의 굶주리고 어려움에 처한 사람들과 함께 하며 진정한 아름다움이란 무엇인가를 보여주었다. 하지만 여기에는 우리가 잘 모르는, 그녀가 어렸을 적 겪은 혹독한 기근 경험이 자리 잡고 있다는 것을 알아야 한다. 어린 그녀가 얼마나 심각한 생존 위기와 고난들을 헤쳐 나왔는지 살펴보자.

1945년 네덜란드 대기근과 오드리 햅번의 험난한 생존

오드리 햅번은 1929년 영국인 은행가 아버지와 네덜란드 귀족 어머니 사이에서 태어나 벨기에와 영국에서 어린 시절을 보냈다. 하지만 나치즘에 빠진 아버지는 어린 그녀와 가족을 버리고 떠나간다. 충격도 잠시, 1939년 독일이 폴란드를 침공하자 영국은 독일에 선전포고를 한다. 전운이 깊어지자 영국에 살던 햅번의 어머니는 가족을 데리고 외할아버지가 있는 고향 네덜란드로 돌아간다. 중립을 선언한 네덜란드는 전쟁에서 좀 더 안전할거라 생각한 것이다.

하지만 이는 큰 실수였고, 그녀와 가족은 생사의 갈림길에 선다. 햅번의 가족이 이주하고 바로 나치 독일이 선전포고도 없이 네덜란드 침공(1940년 5월)을 단행한 것이다. 네덜란드 최대의 항구 도시 로테르담이 독일 공군의 폭격에 초토화되는 등 큰 화력 차이로 네덜란드 정부는 별다른 저항도 못하고 항복하고 만다. 이때부터 네덜란드 국민과 오드리 햅번의 재난이 시작된다.

이때는 수시로 저항군과 유태인이 나치에게 잡혀와 거리에서 바로 총살당하곤 했다. 오드리 햅번도 이 끔찍한 장면을 여러 차례 보았다고 증언했는데, 영국풍의 이름은 위험하다고 하여 이름도 바꾸고 지 냈다. 그녀의 이모부와 사촌 오빠가 네덜란드 레지스탕스 운동을 하 다 잡혀 처형되고 이복 오빠들은 수용소에 끌려가는 등 그녀와 가족 도 내일을 알 수 없는 급박한 상황에 처해 있었다.

그러던 1944년, 연합군이 노르망디에 상륙하면서 전세가 역전되어 독일군이 밀리기 시작했다. 기세를 잡은 연합군은 전쟁을 최대한 빨 리 끝내고 독일 본토로 단숨에 진격하고자 네덜란드에 진입했는데, 이것이 그 유명한 '마켓 가든Market Garden 작전'이다. 하지만 알다시피 작 전은 연합군의 철저한 패배로 끝났으며, 〈머나먼 다리〉나 〈밴드 오브 브라더스〉 등 영화와 드라마에 그때의 처절한 전투 장면이 기록되어 있다.

네덜란드 대기근의 겨울

마켓 가든 작전이 시작되자 네덜란드 지하 저항조직은 연합군에 동 조해 일제히 일어섰다. 네덜란드 곳곳의 독일군 초소와 군부대, 창고, 차량과 장비에 폭탄 공격을 가하고 철도 노동자들은 독일군의 병력과 물자 수송을 지연시키려고 레일과 관제 시설 등 철도망을 파괴하고 잠 적해 버렸다.

하지만 안타깝게도 이 작전은 얼마 지나지 않아 연합군의 참혹한 실패로 끝났고, 네덜란드인에게 큰 화가 되어 돌아왔다. 네덜란드인 의 저항과 사보타주(고의적인 사유재산 파괴나 태업 등을 통한 노동자의 쟁의행위)에 화가 난 독일군은 보복으로 1944년 가을부터 네덜란드로 들어가는 모든 식료품과 연료 공급을 막아 버렸다.

450만 명이 사는 네덜란드가 봉쇄되자 국민들은 집안에 갇힌 채 꼼짝없이 굶어죽을 상황이 되었다. 고금 전사를 보면 전시에 적국 전체나 수도를 봉쇄해 고사시키는 작전이 있는데, 이것만큼 잔혹한 것이 없다. 전투원 외에 그 안에 있는 일반 시민, 특히 여자와 아이들부터 먼저 쓰러지게 만드는 것이다.

겨울에 접어든 네덜란드에는 혹독한 추위까지 찾아왔고, 굶주림은 잔혹했다. 전쟁 개시 후 몇 년간 독일의 식량 수탈이 이어진데다가 경제마저 붕괴된 상황에서 국민에게 남아 있는 것은 거의 없었다.

결국 국민 전체가 굶주리기 시작했으며, 특히 도시의 상황이 심각했다. 사람들은 가족이 먹을 빵을 구하려고 숨겨둔 돈과 보석 등 값나가는 것들을 들고 빵을 찾아다녔지만 아예 구할 수 없었다. 고기도 없어 마차를 끌던 말은 물론 개와 고양이 같은 애완동물까지 잡아먹기 시작했고, 곧 이들마저 도시에서 사라졌다.

사람들은 하루가 다르게 말라가고, 곧 고아나 가난한 자들부터 굶어 죽기 시작했다. 아직 힘이 남아있는 사람은 수십 킬로미터를 걷거나 자전거를 타고 도시를 빠져나와 식량을 찾았다. 시골 농장을 찾아가 금붙이나 골동품 같은 값나가는 물건을 주고 약간의 음식과 교환한 것이다. 하지만 그렇게 구한 것도 무우나 감자, 달걀 몇 개 정도였으며, 심지어 튤립 구근도 있었다.

문제가 생각 외로 심각해지자 독일군은 한 달 반 만에 길을 열고 공급 중단 조치를 철회했다. 하지만 네덜란드인 스스로가 파괴한 철도망이 발목을 잡았다. 부족한 자재와 굶주린 일꾼 때문에 복구가 지연되고 철도 기술자마저 잠적하고 돌아오지 않아 철도 수송은 요원해져 갔다. 더욱이 연합군이 독일 본토를 직접 압박하면서 근처에서 전투가 일어나는 등 전황도 더욱 급박해져 교전 지대를 뚫고 식량을 운송하기가 더욱 힘들어졌다. 이때 네덜란드의 수도 암스테르담에서 성인 한 명이 일주일에 배급받는 식량은 고작 1000킬로칼로리로, 성인의 하루필요 열량(2500킬로칼로리)의 절반도 안 되는 양이었다. 햄버거 한 개 정도로 일주일을 버텨야 한 것이다. 이마저도 1945년 2월에는 절반으로 줄어버린다. 이 대기근은 1945년 봄이 되면서 더욱 본격화되어 약 2만 2000명의 네덜란드 시민이 굶어 죽어갔다.

이때를 대기근의 겨울^{Hunger Winter}이라고 부르며, 러시아 레닌그라드에 이은 심각한 대기근으로 평가된다. 당시 10대 중반의 중학생이었던 오드리 햅번도 이 시기에 생사의 기로에 있었다. 몇 달간 지속된 굶주림으로 영양실조, 빈혈, 천식, 황달, 부종 등으로 고생했고, 합병증에 시달렸다. 그녀는 도시 화단에서 캔 튤립 구근에 밀가루를 조금 섞어 만든 죽 같은 것을 몇 달간 먹으면서 겨우 목숨을 부지했다. 이 때문에 몸도 하루가 다르게 말라가 170센티미터의 키에 39킬로그램까지 체중이 떨어지기도 한다. 영화에서 보던 눈 아래 진한 다크서클은 이때 앓은 천식의 후유증이라고 한다.

1945년 4월, 450만 명의 무고한 네덜란드 국민이 집단 아사 직전에 달했을 때 다행히도 전세는 완전히 기울어가고 있었다. 연합군이 드디어 베를린에 진입한 것이다. 전선이 축소되자 한결 여유가 생긴 연합군 지도부는 네덜란드 국민 구출 작전을 시작한다. 항공기를 이용해 대규모 식량을 낙하산으로 투하하는 작전이었다. 이후 5월 7일, 나치 독일이 무조건 항복을 선언하기 전날까지 연합군은 네덜란드 지역에 대규모 폭격기 편대를 동원해 빵과 통조림, 초콜릿 등 갖가지 식료품을 투하했다. 재미있게도 작전명이 성경 모세편의 고사에서 따온 듯 일명 '만나 작전Operation Manna'이다. 당시 네덜란드는 아직 독일이 점령하고 있었지만 전쟁이 이미 끝날 것이라는 것이 예견됐기에 독일군도 대공포를 쏘지 않았다.

이렇게 영국과 미국 공군은 약 8일 동안 적진을 날아가 폭탄 대신 1만 1000톤의 식료품을 투하했고, 비로소 아사 직전의 네덜란드 국민을 굶주림에서 구해낼 수 있었다.

이렇게 하늘에서 공중 투하되는 구호물자는 죽음 직전에 있던 네덜란드인의 숨통을 틔워주었다. 또 바로 독일이 항복하면서 구호물자를 가득 실은 연합군 트럭이 네덜란드에 도착했고, 대재난은 끝이 난다. 아사 직전까지 갔던 오드리 햅번은 이후 인터뷰에서 종종 이때의 강렬한 기억을 회고했다. 거리에 나가 배급 트럭에서 받은 연유와 설탕을 같이 넣은 오트밀은 평생 먹어본 음식 중에 가장 맛있었고, 연유 한 통을 다 먹어서 배앓이를 했지만 이때의 기억을 결코 잊지 못한다는 내용의 인터뷰도 있다.

또, 한 병사가 건네준 미제 초콜릿 바를 먹고 아사를 이겨낸 뒤 초콜릿 중독자가 됐다고 우스갯소리를 했는데, 실제 스타가 되어서도 거

의 매일 큰 초콜릿을 챙겨 먹었다고 한다. 탐식은 이뿐만이 아니어서 마른 몸매에도 한 끼에 스파게티 두 접시는 비웠고, 바닐라 아이스크림도 양껏 먹었지만 결코 살이 찌지 않았다고 한다. 그래서 성인이 된 후에도 170센티미터의 키에 45킬로그램을 유지할 수 있었다.

어렸을 적 죽도록 배고팠던 기억으로 음식에 집착했지만 오드리 햅번의 평소 생활은 아주 검소했다. 다른 스타들처럼 사치하지 않고 협찬받은 의상은 모조리 반납했으며, 예쁜 2인승 오픈카를 오랫동안 가지고 싶어 했지만 가족도 다 타지 못하고 실용적이지 않다며 끝내 사지 않았다.

은퇴한 이후에는 집에서 아이들에게 직접 요리를 해주고 빨래를 하며 밤새 동화책을 읽어주는 등 완벽한 어머니의 모습을 보였다. 또한 이사를 갈 때는 허름한 옷을 입고 직접 짐을 나르는 등 소탈한 면도 있었다. 이렇게 그녀는 유년시절에 2차 대전의 한가운데에서 적군에게 생명의 위협을 받고 굶주림으로 큰 고통을 받았다. 이때의 기억과 경험이 은퇴 후 제3세계에서 고통받는 난민을 위해 헌신적인 봉사 활동을 한 원동력일 것이다. 자신의 깊은 아픔과 고통을 사랑으로 승화시키고 더 나아가 세상을 더 좋게 바꾸고자 노력한 그녀는 진정 아름다운 세기의 연인이다.

1845 아일랜드 대기근

아일랜드는 한국인에게 낯선 나라다. 유럽 즈음인 듯한데 정확히 어디에 있는지, 어떤 사람들이 사는 나라인지는 선뜻 생각나지 않는다. 존재감이 미약하다고 할 수 있겠다. 실제로 아일랜드는 초강대국인 영국 바로 옆에 위치한 탓에 진작 식민지가 되어 수백 년간 핍박을 받고 수탈을 당했다. 이 때문에 수시로 독립 전쟁을 벌이다 학살을 당하는 등 잔혹한 탄압을 받았고, 20세기가 되어서야 겨우 나라로 인정받을 수 있었다. 하지만 크지 않은 영토도 영국 세력 때문에 일부 영국령으로 분리가 되었고, 이 때문에 불과 십수 년 전까지만 해도 폭탄 테러 같은 무장 투쟁을 벌여왔다. 기성세대는 의외로 많이 알고 있는 IRA(아일랜드 공화국군)가 그것이다. 또한 그 과정에서 1972년 비무장 시위대에 영국 공수 부대가 무차별 발포하여 학살한 '피의 일요일' 사건은 유명하다.

아일랜드는 2014년을 기준으로 인구 480만 명, 국토도 남한의 3분의 2 크기밖에 안 되는 작은 나라다. 국토는 황량하고 척박하며, 특별한 자원도 없어 독립을 이룩한 후에도 발전이 더뎌 얼마 전까지만 해도 서유럽의 빈국, 서유럽 안의 동유럽 취급을 받았다. 하지만 흥미롭게도 한국과 유사한 면이 많다. 정이 많고 유독 춤과 노래, 술을 좋아하는 것이 그렇다. 과거의 아픈 역사 때문에 스스로를 한의 민족이라고도 한다. 이런 공통점 때문에 '아일랜드는 유럽의 한국'이라는 말도 있다.

이들은 유럽에서도 민족정신이 강하기로 유명한데, 이민자라도 선조 중에 조금만 아일랜드인의 피가 흐르면 스스로를 아일랜드인의 후손이라고 자처한다. 수백 년간 영국의 잔혹한 식민통치를 견뎌내고 앞으로 얘기할 19세기 중반의 대기근 같은 큰 고통 속에서 서로의 손

영국 옆에 위치한 아일랜드

을 잡고 눈물의 이주를 해야 했던 기억 때문일 것이다. 이렇게 인구도 영토도 작고 잘살지도 못하는 이 나라는 이 기억 때문에 이후 세계사에, 심지어 지금까지도 엄청난 영향을 끼친다. 이제 아일랜드 역사의 아이러니를 지켜보자.

한(恨)의 역사

켈트족이 정착해 조용히 살던 아일랜드는 영국과 바로 붙어 있는 것이 모든 화의 근원이었다. 12세기 후반부터 영국 왕 헨리 2세가 바다를 건너 아일랜드를 침입했고, 이후 아일랜드는 수백 년간 일진일퇴를 거듭하며 사력을 다해 싸우다 결국 완전히 정복당했다. 이후 영국의 식민지화 계획은 무자비하고 가혹했다. 온 주민을 밀 생산과 소, 양키우기에 동원해 식량을 수탈하고 고리대금과 가혹한 세금 징수로 이들의 땅을 헐값에 빼앗았다. 그렇게 빼앗은 땅에 영국인을 이주시켜 현지인을 다스리게 하였다.

또한 문화말살 정책도 펼쳤는데, 현지인이 아일랜드 전통 언어를 쓰거나 전통 축제를 즐기다 발각되면 그 자리에서 바로 베어 처형했다. 무엇보다 현지인의 반발과 공분을 산 것은 종교 탄압이다. 아일랜드인은 전통적으로 구교인 카톨릭을 믿는데, 영국은 자신들의 성공회를 강요했다. 이 과정에서 영국은 저항하는 아일랜드 주민 1000명을 성당에 한꺼번에 가두고 불을 지르는 악행을 벌였으며, 그중에는 아이들도 다수 있었다. 저항 진압은 참혹했고, 진압 중 아일랜드인의 30

퍼센트가 죽거나 쫓겨났다.

이런 방식을 거듭해 이후에는 성공회로 개종한 일부 아일랜드인과 정착민인 영국인이 많은 토지를 소유한 대지주가 되었다. 반면 대부분의 아일랜드인은 농노나 소작농으로 전락해 비참한 생활을 한다. 이렇게 수탈된 곡물은 대부분 대항해시대 이후 한창 발전하며 팽창하던 영국을 지탱하는 데에 들어갔다. 일본이 제국주의 시절 한반도를 강제로 점령하고 식민지화해 쌀을 수탈하고 민족 말살 정책을 펴던 것과 너무나도 비슷하다.

대신 영국인이 아일랜드인에게 먹으라고 던져준 것은 감자였다. 앞에서도 말했듯이 아메리카 대륙에서 건너온 감자는 땅 속에서 성장하는 생소한 작물인데다 볼품없는 모양이라 당시 유럽인들은 이를 외면하고 먹지 않았다. 심지어 '악마의 작물'로 여기며 개, 돼지에게나 먹이는 것이라고 생각할 정도였다. 하지만 아일랜드인에게는 선택의 여지가 없었다. 비옥하고 넓은 들판에는 영국으로 실어갈 지주의 밀을 재배하고 그 옆, 아무도 쳐다보지 않는 척박한 곳이나 산지, 습지의 바위와 돌을 고르고 진창을 정비해 감자를 심어 먹었다. 또 하나 지주들이 이들에게 빼앗지 않는 것이 있었으니, 바로 우유였다. 방목해서 키우는 소는 쉽게 가져갈 수 있었지만 그 부산물인 우유는 그 당시 기술로는 저장하거나 가져갈 수 없었던 것이다. 그렇게 아일랜드인은 1년 내내 감자와 우유만을 먹고 살아가야 했다.

처음에는 눈물 젖은 우유와 감자였지만, 이것은 의외로 좋은 영양 공급원이었다. 수백 년간에 걸쳐 이에 적응하자 아이를 많이 낳기로 유명한 그들은 가족을 늘렸고, 아일랜드의 인구는 순식간에 늘어 났다. 1700년대에 겨우 200만 명이던 것이 150년 만에 놀랍게도 무려 850만 명으로 폭증했다. 이는 21세기 현재의 인구보다 무려 두 배가량 이나 많은 수다. 영국의 경제학자 멜서스는 여기에 주목해 앞에서도 나온 그 유명한 〈인구론〉을 발표한 것이다.

수백 년간 굴하지 않고 저항 운동을 하는 억센 아일랜드인이 짧은 기간 동안에 850만 명으로 폭증하자 영국은 이에 주목하고 불편해하 기 시작했다. 아일랜드는 인구의 75퍼센트가 겨우 15퍼센트의 토지만 소유하고 있을 정도로 가난했고, 영국민 이주자와의 빈부 격차는 심 각한 상태였다. 그런데 이제 인구까지 늘어 과밀하게 되었으니 언제 또 저항 운동이 터질지 모를 일이라고 생각한 것이다. 이는 이후에 일 어난 대기근 때 영국인들이 왜 그렇게 가혹한 정책으로 피해를 키웠는 지를 설명해준다.

대재난의 시작

1842년 미국에서 시작된 감자역병(감자마름병)은 곧 배를 타고 전 유 럽으로 번지기 시작했다. 많은 유럽 국가의 감자가 썩어 농사를 망쳤 지만 다른 대체 작물이 있었기에 큰 피해를 입지는 않았다. 하지만 감 자를 주식으로 해오던 작은 섬나라 아일랜드에게는 치명적인 일이었 다. 1845년 여름, 아일랜드에는 유독 비가 잦았다. 이 탓에 밀과 보리 같은 다른 작물의 수확도 급감하고 특히 주식인 감자가 검게 변하며 썩는 병이 돌아 작황이 엉망이었다. 한 품종을 주로 심은 탓에 질병에 취약했던 것이다. 감자마름병이 번지는 속도는 엄청났다. 불과 사나흘 만에 멀쩡하던 감자밭에서 이상한 냄새가 나며 감자가 뿌리부터 잎까지 까맣게 썩어 들어갔다. 사람들은 불길함을 직감하기 시작했다.

1845년, 가을 수확철이 시작되면서 우려는 현실로 나타났다. 감자의 90퍼센트 이상이 다 썩어 거의 전멸하다시피 한 것이다. 수확철이 돼도 수확이 없자 사람들은 굶주리기 시작했다. 그렇게 5년간의 긴긴 대재앙이 시작됐다. 불행히도 이들에게는 감자와 더불어 대표적인 구황작물의 하나인 옥수수조차 없었다. 옥수수는 지력을 소모시키는 경향이 매우 강하기로 유명해 척박한 땅에서는 비료를 치지 않으면 계속해서 농사를 짓는 것이 불가능하다. 이 시기 유럽은 페루의 구아노를 수입해 식량 생산량을 늘리고 있었는데, 가난한 이들은 그 비료를 살 돈이 없었다. 사실 가난한 아일랜드 소작농은 옥수수 종자를 살 돈도 없었다.

흉년 초기에는 이렇게 사태가 심각해질지 아무도 몰랐다. 영국 정부도 초기 1년간은 어느 정도 구제 활동을 펼쳤다. 하지만 곧 선거로 총리가 교체되고 보수당이 집권하자 상황이 확 바뀌어버렸다. 자유방임주의 원칙을 신봉하던 영국은 곡물 상인의 로비와 국민의 반발로 정부의 직접적인 구제 정책을 중단해버렸다. 유럽 전체에 감자역병이 돌면서 다른 식량 가격까지 덩달아 오르자 식민지 구제보다는 수익내기에 더 혈안이 된 것이다. 이렇게 그 와중에도 영국의 밀과 가축 수탈은 계속되었고, 상황은 더욱 악화되기 시작했다.

아일랜드인들은 점점 더 굶주리고, 마침내 쓰러지기 시작했다. 이들은 먹을 수 있는 것이면 무엇이든 먹었는데, 유럽에서는 거의 먹지 않는 바닷가 바위틈의 해조류까지 긁어 먹을 지경이었다. 이때부터 먹었다는 적갈색 해조류는 지금까지도 사람들이 별식으로 찾고 있으며, '아이리쉬 모스Irish Moss'라고 한다. 사람들은 집에서 키우던 개와 고양이까지 잡아먹었고, 나중엔 죽은 시체를 잘라 먹기도 했다. 거리에는 굶어죽은 시체가 곳곳에 쌓여갔고 아직 살아남은 이들은 비쩍 마르고 창백해서 집 안의 시체를 옮길 힘조차 없었다고 한다. 설상가상으로 버려진 시체 때문에 전염병까지 돌고, 1846~1847년 겨울에 강력한 폭설과 한파가 들이닥치면서 사망자 수가 급증했다.

영국과 미국 기자들은 당시 아일랜드의 처참한 모습을 다음과 같이 기록하였다.

"거리에서 본 아일랜드인은 무척이나 창백한 얼굴이었는데, 이는 병자의 것과도 달랐다. 황달기조차 없이 창백해 묘지에서 시체를 파내 새로 피를 넣어 되살려낸다 해도 이것보다는 나을 것이다."

"이 세상에 식민지나 다른 나라의 가혹한 지배를 받고 있는 나라는 많다. 또한 가난한 나라도 많고 거지들도 많다. 그러나 한 명도 빠짐없이 전 국민이 거지인 나라는 이곳밖에 없을 것이다."

"이들의 모습은 인간의 살과 뼈가 어떻게 분리될 수 있는지를 적나라하게 보여준다. 사람들은 밤마다 공포에 떨다 죽었는데, 방 한편에서 기다리던 쥐들이 그들의 살을 물어뜯고 파먹었다."

"바싹 마른 아이들은 영양실조 탓에 배만 곧 터질듯 부풀었고, 길거리에는 내다버린 시체와 뼈가 산을 이루고, 마을은 황폐해졌다. 아직 힘이 남은 자들은 영국인 대지주의 집으로 몰려가 식량을 나눠 달라고 사정했지만 곧 영국군이 나와 총을 쏘며 그들을 쫓아냈다. 이곳은 지옥이다."

"아일랜드 안에서 많은 사람들이 굶어 죽어나가고 있다. 그러나 항구에는 영국으로 가는 곡물선이 꽉 차있다. 반면 구호선은 미국에서 오는 옥수수를 실은 배 한 척이 전부다. 얼마나 끔찍한지!"

흉년이었다고는 하지만 다른 식량의 여유가 있어 구제가 충분히 가능했다. 하지만 영국 정부는 의도적으로 대기근을 방치하고 심지어 키우기까지 했다. 수십만 명이 굶어 죽어가는 와중에도 악랄한 수탈과 세금 징수를 멈추지 않은 것이다. 어느 영국 정치인은 이 재앙은 게으르고 멍청한 이들에게 내리는 신의 징벌이며, 이 고난이 앞으로 그들을 더욱 부지런하게 만들 것이라고 조롱하기도 했다. 심지어 외국에서 이 소식을 듣고 구호금과 식량을 보내준다고 했지만 영국 여왕은 이를 거절하고 막기까지 했다. 녹녹치 않은 아일랜드인의 수가 급증하자 저항을 두려워해 힘을 꺾어놓으려 한 것이다. 이는 아일랜드인이 지금까지도 영국을 원수로 생각하며 극도로 원망하는 계기가 되었다.

필사의 탈출

씨감자까지 먹고 나서 아일랜드 농민은 희망을 포기했다. 살아남은 이들은 정든 집과 땅을 지주에게 헐값에 넘기고 약간의 돈을 챙겨 나라를 떠나는 배에 몸을 실었다. 그나마 기근 첫 해에 아일랜드를 탈출한 이들은 이후에 닥쳐올 최악의 사태를 피할 수 있어 운이 좋은 편이었다. 대기근은 이후로도 5~6년이나 더 지속되었다. 굶주리는 와중에도 영국 지주의 수탈과 독촉이 계속되자 화가 난 아일랜드 소작농들은 항의하고자 지주 밭의 수확을 거부하고 시간을 끌며 태업한다. 이때 농민들이 대항했던 지주의 부하 이름이 '보이콧Boycott'이었다. 지금도 노동 현장에서 흔히 쓰이는 보이콧의 유래다. 600년 이상 아일랜드를 점령하며 잔혹하게 통치하던 영국은 이를 변명하고 합리화하려고 나쁜 거짓 소문을 지어냈다. 다른 유럽 국가들이 아일랜드인을 게으르고 항상 술에 취한 주정뱅이, 또는 하얀 흑인, 서유럽의 유대인이라고 인식하도록 한 것이다. 이 때문에 유럽에서 아일랜드의 인식은 좋지 않았다. 하지만 지독한 탄압으로 아일랜드인 수백만 명이 굶어 죽어가자 세계의 여론이 바뀌었다. 더구나 이때 유럽은 노예제 폐지가 공론화되고 인권 의식이 싹트던 시기라 영국의 양심 있는 지식인들도 정부의 잔인한 정책을 비난했다.

이에 곤란해진 영국 정부는 아일랜드인이 조국을 떠나 해외로 나가는 것을 장려해 이민선을 지원했다. 살아남은 수백만 아일랜드인을 구제할 돈과 식량을 아끼고, 또 수를 줄여 골치 아픈 싹을 사전에 제거하는 일석이조의 효과를 노린 것이다.

　기회가 되자 생존자들은 너나 할 것 없이 외국행 이민선을 탈 수 있는 항구로 몰려갔다. 이미 바싹 말라 앙상한 뼈다귀만 남은 산송장 같은 이들은 가슴에 작은 보따리 하나만을 안고 휘청휘청대며 천천히 걸어갔고, 이 가족 뒤에는 역시 털까지 깡마른 개가 주인의 뒤를 저만치에서 힘겹게 뒤따른다.

　이는 수도 더블린 부둣가에 있는 유명한 '기근Famine' 조각상으로, 그당시 대기근을 피해 이민선으로 향하던 이들을 조각한 것이다.

　그러나 영국이 허가해준 외국으로 가는 이민선조차 매우 허술하고 부실한 것뿐이었다. 이 배들은 물이 새고 쥐가 들끓는 오래되고 낡은 폐선 급으로, 관짝 배Coffin Ship 혹은 송장 배라고 불릴 정도의 수준이었다. 느린 범선이라 외국에 도착하는 데만 해도 무려 40~50일이나 걸렸는데, 이미 굶주림과 질병으로 체력이 다한 아일랜드인은 이 과정에서도 또 수십만 명이 죽었다. 약 200만여 명이 이주선에 탔으니 그중 절반이 육지도 보지 못하고 배 안에서 죽어나간 것이다.

하지만 전 재산을 팔아 뱃삯을 지불하고 이민선에 탄 이들은 운이 좋은 것이었다. 대기근 이후에도 아일랜드의 삶은 나아지지 않았고, 전국토가 황폐해졌다. 이 때문에 이후에도 종종 대기근이 찾아왔고, 사람들은 살 길을 찾아 계속 빠져나갔다. 악에 받힌 이들의 저항도 더욱 더 격렬해졌는데, 결국 1921년에 독립하는 데 성공했다.

1845년부터 시작된 아일랜드 대기근은 7년 만에 끝났지만, 이후 수십 년간 영향을 미쳤다. 이 기간 동안 무려 2백만 명이 굶어 죽고 2백만여 명이 고향을 등지고 떠났다. 기근 전 850만 명에 달하던 인구가 50년 만에 절반으로 줄어든 것이다. 인구 수치는 100년이 지난 지금까지도 회복되지 않고 있다.

또한 독립 이후에도 북쪽 지방을 장악한 영국계와의 다툼으로 내전이 벌어졌다. 결국 아일랜드는 남과 북으로 분단되어 북아일랜드를 영국에 떼어준 채 1949년에 아일랜드 공화국으로 완전히 독립할 수 있었다. 이런 연유로 아일랜드가 한의 역사를 살아왔으며 한반도와 많이 닮았다고 하는 것이다.

세상을 바꾼 아일랜드인

척박한 고향 땅에서 700년간 잔혹하게 수탈을 당하고 근대에는 대기근으로 전 국민의 절반이 죽거나 도망나온 가슴 아픈 비극을 겪은 이들은 이후 해외에 어렵게 정착한다. 이들의 생존을 위한 대이동은

20세기에 의도치 않게 세계사를 변화시키며 큰 영향을 미친다. 역사의 아이러니함일까. 아니면 신의 보답일까.

두 달간의 힘든 피난선 생활을 견디고 가까스로 살아남은 아일랜드 이민자들은 캐나다, 미국, 영국, 호주 등에 도착한다. 톰 크루즈와 니콜 키드먼 주연의 영화 〈파 앤드 어웨이(1992)〉는 아일랜드를 떠나 미국에 정착한 아일랜드 청년의 이야기를 다룬 것이며, 안타까운 러브스토리로 잘 알려져 있는 제임스 카메룬 감독의 〈타이타닉(1997)〉도 아일랜드와 연관이 많다. 여주인공 로즈와 사랑에 빠진 주인공 잭은 가난한 아일랜드 청년으로, 아메리카 드림을 꿈꾸는 미국 이민자다. 그가 도박으로 승선표를 딴 술집이 있는 항구는 미국으로 가기 전 마지막 기항지인 아일랜드의 코브이며, 여기서도 수많은 아일랜드 이민자를 태운다. 심지어 타이타닉 자체도 북아일랜드 노동자들이 만든 것이다.

주인공 잭이 아일랜드인이라는 이유로 로즈의 지인들에게 무시당하고 로즈와 3등칸으로 도망쳐 주위 사람들과 춤을 추며 어울리는 장면이 나오는데, 이 3등칸 사람들이 바로 아일랜드인이다. 또 그곳에서 로즈가 맥주를 마시며 그들과 같이 춤추는 장면도 나오는데, 이 맥주가 아일랜드의 전통 맥주인 기네스이며, 음악과 춤도 그들의 전통 춤인 아이리시 댄스다.

아일랜드에서 미국으로 온 많은 이민자들의 삶은 고달팠다. 영국의 오랜 험담으로 워낙 아일랜드인에 대한 인식이 낮았던 탓에 당시 사람 취급을 받지 못하던 흑인과 중국인 사이에 섞여 험하고 위험한 일을 해야 했다. 또한 먼저 자리를 잡은 영국계 이민자의 텃세도 만만치 않아 살벌한 싸움이 잦았는데, 이를 다룬 영화가 레오나르도 디카프리오 주연의 〈갱스 오브 뉴욕(2002)〉이다.

그러나 곧 벌어진 미국 남북전쟁(1861~65)에서 아일랜드 이민자들은 큰 역할을 한다. 이민자들은 주로 보스턴, 뉴욕 등 미 북부에 정착해 터전을 잡고 있었는데, 남북전쟁이 일어나자 수많은 아일랜드 이민자들은 북군에 지원 입대를 했다. 그 수는 꽤 많아 대략 28만 명이 이민자나 아일랜드계였다.

이들의 희생은 전쟁에서 승리하는 데 큰 도움이 됐고, 이 덕에 아일랜드인의 위상이 높아져 관직이나 군, 학계, 경찰, 소방관 등 제대로 된 직업에 진출할 수 있게 되었다.

현재 미국에서 아일랜드계의 수는 3,500만 명이다. 이는 미 인구의 11퍼센트로 독일계에 이어 2위다. 또한 모국 아일랜드 인구의 일곱 배가 넘는 수준이다. 보스턴, 매사추세츠 주 등 미 동부에 많이 거주하며, 뉴욕에만 250만 명이 살고 있다.

이런 역사를 거쳐 아일랜드 이민자들의 전통 문화는 그대로 이어져 내려왔고, 현재 미국 각 도시에서 많이 접할 수 있다. 콘비프 요리나 아이리시 댄스가 유명하며, 제일 크고 많이 알려진 문화는 성 패트릭 데이 행사다. 이것은 아일랜드 수호성인을 기리는 행사로, 매년 3월 17일에 미 전역 100개 이상의 도시에서 군악대 행진과 행진 퍼레이드가 열린다. 특히 뉴욕 5번가에서 벌어지는 행진은 가장 크고 화려해서 이때만 되면 전 세계의 TV에 보도되기도 한다. 아일랜드 전통 악기인 백파이프 연주단과 군악대 등이 퍼레이드를 선도하고 축제 분위기를 돋운다. 시민들도 그들의 전통 색인 녹색으로 온통 치장하고 아일랜드 국기를 흔들며 거리의 퍼레이드를 즐기는데, 이제는 국가나 종교를 초월해 미국 시민 모두가 참여하는 대축제로 발전했다.

이렇게 아일랜드인은 19세기 중반부터 대재앙을 피해 타국으로 갔지만 아직도 전통을 지키며 강한 연대의식을 보인다. 이들은 주로 미국, 영국, 캐나다, 호주 등으로 흩어졌는데, 현재 아일랜드 계열로 추정되는 사람은 전 세계에 8000만 명 정도 있는 것으로 추산된다.

이들은 이후 현지 주류 사회에 편입되어 큰 역할을 한다. 미 대통령 중에도 아일랜드 계열만 열다섯 명 이상이라고 한다. 그중 가장 유명한 대통령은 존 F. 케네디로, 이민 4세인 그는 대통령 취임 후 조상의 땅 아일랜드를 방문했다. 그 외에도 닉슨, 로널드 레이건, 빌 클린턴 등이 아일랜드계이며 놀랍게도 현재 미국의 제44대 대통령인 버락 오바마도 그의 어머니로부터 아일랜드계 피를 이어받았다.

권투 선수 무하마드 알리도 비슷한 경우다. 남미의 혁명가이자 전 세계 젊은이들의 자유의 상징이 된 '체 게바라(1928~1967)'도 부모 세대에 아르헨티나로 이주한 이민자 가정에서 태어난 아일랜드 혈통이다.

이처럼 아일랜드 민족은 주변국에 700년간 탄압과 수탈을 당하고 근대에는 대기근으로 나라와 국민이 사라질 뻔했던 끔찍한 역사를 갖고 있다. 하지만 모진 환경에서도 끈질기게 살아남았고, 해외 이주자들도 자기 민족의 정체성을 잊지 않고 살아가고 있다. 그 결과 여러 명의 미 대통령과 혁명가를 낳으며 현대 역사에 큰 획을 그었다.

1942 중국 허난 대기근

전쟁, 재난의 씨앗

20세기 초, 한반도를 손쉽게 점령한 일본은 점차 군국주의화되면서 대륙 침략의 야욕을 노골적으로 드러내기 시작했다. 기세를 올리던 1931년, 이들은 마침내 한반도를 넘어 만주를 침략하고(만주사변) 괴뢰정부를 세운다. 동북 3성 등 만주의 상당 부분을 빠르게 점령, 장악하고 마지막 황제 '푸이'를 꼭두각시 황제로 앉힌 뒤 중국 중앙 정부로부터 독립을 선언하게 만들었다. 한반도보다 다섯 배나 큰 땅과 거주민 3400만 명을 강탈한 것이다. 이에 놀란 중국 정부는 군사력을 동원해 전투를 벌이고, 국제 연맹에 제소하며 항의했다. 하지만 이미 노쇠한 중국은 일제의 상대가 될 수 없었다. 별다른 대응도 하지 못하고 자국 영토를 빼앗기는 굴욕적인 패배를 당한 뒤 중국은 이후 이를 갈며 일제와 대치한다. 이것은 1937년부터 1945년까지 중화민국과 일본 제국 사이에 벌어진 중일전쟁의 시초이자 1942년 허난 대기근의 원인이 된다.

한반도와 만주 지역을 불법 장악하고 식민지화에 성공한 일본은 점점 세력을 키우며 군국주의 국가로 바뀌고 있었다. 당시 일본은 군부가 정부를 밀어내고 무섭게 폭주했다. 해군 장교들이 현직 총리를 암살하는 5·15 사건이 터지기도 했으며, 이후에는 현직 군 장교가 총리를 맡아 군이 내각과 정부를 통제하기 시작했다. 한반도에서는 쌀 같은 식량을, 만주 일대에서는 각종 군수물자를 안정적으로 공급받자 일본의 자신감은 하늘을 찔렀다. 이에 일제는 잠시 미뤄두던 대륙 침략을 본격적으로 시작한다. 더구나 당시 중국은 공산당과 국민당으로 나뉘어 치열한 내전을 벌이고 있는 불안정한 정세였기에 이 유혹은 더 크게 느껴졌다.

대륙 정복 전쟁을 작정한 일본군은 화북 지방에서 소규모 전투를 벌이는 등 계속 도발을 감행하여 긴장 상태를 야기했고, 1937년에 마침내 전쟁이 시작됐다. 일본은 신무기인 항공모함을 포함한 대함대와 상륙군을 상하이 상륙 작전에 투입했고, 중국도 전국에서 수십만 병력을 끌어 모아 방어전을 펼쳤다. 상하이에는 쌍방을 합쳐 무려 1백만에 달하는 대병력이 대치했다.

상하이 일대에 중국군 전체의 40퍼센트에 가까운 80만 대군이 투입됐지만, 좁은 공간에 시민과 많은 병사거 엉켜 전투 능력이 오히려 떨어져버렸다. 지휘와 보급, 연락에 문제가 생겼고, 무기와 장비마저 일본군에 비해 좋지 않았다. 이런 각 지방에서 모인 군벌의 이기심은 혼란을 더 부추겼고, 자질이 떨어지는 장교와 훈련이 덜 된 병사는 일본군에게 연패했다.

상륙한 일본군에 중국군이 밀리기 시작하자 공황 상태는 주위로 급속도로 번지며 전파됐다. 이탈자가 속출하며 제대로 된 전투도 못하고 전선이 무너지기 시작했다. 80만 대군이 붕괴되기 시작한 것이다. 100만이 넘는 패잔병과 시민은 허겁지겁 서로를 밀치며 도로와 철도를 따라 도망치기 시작했고, 그 위를 일본군 전투기들이 폭격하자 아수라장이 됐다.

상하이로 주요 병력이 몰리고 격전이 시작되자 그동안 대치하던 화북 전선에서도 대전투가 시작됐다. 중국은 중요 대도시인 상하이 방어전에 집중하느라 화북에 신경 쓸 여력이 없었는데, 이를 놓치지 않은 일본군은 화북의 두 성을 공격해 점령했다.

하지만 중국군은 병력이 40만 명에 달했으며, 준비는 비교적 철저했다. 방어전은 치열했다. 엄청난 포격과 전투기 폭격에도 방어선이 좀처럼 뚫리지 않자 일본은 비장의 무기인 독가스를 무차별 살포했다. 끔찍하지만, 1차 세계 대전 유럽 전선에서 효과를 본 독가스 공격을 일본이 따라한 것이다. 독가스 때문에, 결국 수많은 중국군이 전사하고 방어선은 허무하게 무너졌다. 그러자 만주국에 주둔해 있던 일제 관동군 37만 명이 쏟아져 내려오기 시작했다.

10월, 상하이는 완전히 함락됐다. 이렇게 남쪽과 북쪽에서 연패하며 일본군이 위 아래로 진격해오자 중국은 공황에 빠졌다. 당시 중국의 수도인 난징과 중국군 주력이 일본군에게 모루와 망치처럼 완전히 포위되어 괴멸될 위기에 처한 것이다.

중국 정부와 장제스는 황급히 난징을 포기하고 수도를 내륙 깊숙한 곳에 위치한 한적한 소도시인 충칭으로 옮긴 다음 전군 퇴각 명령을 내렸다. 하지만 난징은 이미 잔혹한 일본군이 온다는 소식에 아비규환이었다. 일본군은 난징으로 진군하는 도중 현지 식량과 물자를 약탈해 물자를 보충하고 건물에 불을 지르는 초토화 작전을 펼쳤다. 또한 가차 없이 중국 민간인을 공격해 남자는 죽이고 여자는 강간 후 살해했다. 우리에게는 난징 대학살이 잘 알려져 있지만, 이미 그 이전인 11월 19일에도 일본군은 쑤저우에 진입해 수만 쑤저우 시민을 잔혹하게 대량 학살했다. 비단이 많이 나는 유서 깊은 고도이며 동양의 베니스라고 불리던 아름다운 운하의 도시 쑤저우는 잔혹한 시민 학살로 지옥이 되었다.

이는 이후 있을 또 다른 대량 학살의 예고편에 불과했다. 정부와 군대가 충칭으로 도망간 사이, 절대 사수를 부르짖는 강경파이자 후난 군벌인 탕성즈가 난징 방어를 맡았다. 탕성즈는 서둘러 도시로 들어오는 모든 다리와 도로를 폭파하고 배를 없애는 등 배수진을 쳤지만 이는 50만에 달하는 난징 시민의 피난길도 막아버리는 결과를 낳았다.

이윽고 일본군이 난징 외각에 진입해 교전이 시작되자 탕성즈는 제일 먼저 비행기를 타고 달아났다. 난징에는 아직 50~60만에 달하는 병사와 시민들이 남아 있었는데 수도 방위 총사령관이 이들을 버리고 먼저 도망가 버린 것이다.

첫 전투에서 일본군을 상대로 힘들게 교전하던 중국군은 사령관이 달아났다는 소식에 동요해 쉽게 무너져 내렸다. 결국 12월 13일, 일본군은 난징을 어렵지 않게 점령했고, 지옥도가 펼쳐졌다. 도시에 남아 있던 시민과 패잔병 30만 명은 두 달 동안 일본군에게 잔혹하게 학살당하고 강간당했다.

중일전쟁 개전 초기에 난징과 쑤저우 등 여러 도시에서 일본군이 자행한 시민 대학살은 공포를 확산해 적군의 사기를 꺾는 데 효과적인 것처럼 보였다. 하지만 이후 일본군을 불구대천의 원수로 생각하게 만듦으로써 중국 국민의 전의를 높이는 효과도 가져왔으며, 전쟁이 끝나고 21세기가 된 지금까지도 중일 관계에 큰 영향을 주고 있다.

〈난징 난징〉, 〈진링의 13소녀(금릉십삼채)〉, 〈존라베: 난징 대학살〉과 같은 당시의 상황을 기록한 영화도 여러 편 나와 당시의 참상을 고발하고 있다. 또 기념일에는 매년 정부 주최로 국가 기념식이 열리고, 시민들의 격렬한 반일 시위가 촉발되기도 한다. 현재 센카쿠 열도 동남중국해에서는 중국과 일본이 서로 최신 해공군력을 투입하며 대치하고 있는데, 서로 한 치의 양보나 물러섬이 없다. 실제 일촉즉발의 상황도 수시로 벌어진다. 이는 단순히 영토 갈등 문제가 아니라 앞서 말한 바와 같이 만주 침략을 시작으로 한 중일전쟁과 무고한 시민 대학살 때문에 일어난 극심한 민족적 울분과 감정이 바탕이 되고 있다는 것을 알아야 한다.

공포, 어리석은 결정

전쟁 1년째인 1938년, 일본군은 상하이와 쑤저우, 난징, 카이펑 등 동부 주요 도시를 잇달아 점령하고 도망가는 중국 패잔병들을 좇아 내륙으로 진군했다. 이전 수도 난징과 새로운 수도인 내륙 깊숙한 곳의 쓰촨성 충칭 중간에는 허난성이 있다. 일본군은 어느새 허난성 정저우로 몰려들었다. 정저우는 전쟁 후 허난성 성도가 될 만큼 행정 중심의 큰 도시이며, 북쪽에는 거대한 황하강이 흐르고 있다.

일본군이 파죽지세로 쳐들어오자 공황에 빠진 국민당 정부와 장제스는 특단의 작전을 결정한다. 일본군의 진격을 지연시키고자 정저우 위쪽의 황하강 제방(화위안커우)을 폭파하기로 결정한 것이다. 마침내 6월 6일, 중국군 공병대는 황하강 제방을 폭파시켜 대규모 수공을 가했다.

황하강 제방이 터지자 엄청난 양의 물이 성난 파도처럼 계속 밀려 나왔다. 그 규모가 얼마나 엄청났는지 남한 면적의 절반 정도 되는 지역이 전부 휩쓸렸으며, 세찬 물길이 수백 킬로미터를 달려 장강에 도달할 정도였다.

진격하던 일본군 2개 사단이 물에 휩쓸렸지만 피해는 미비했다. 대신 물은 일대에 살던 무고한 주민들을 쓸어버렸다. 주민 89만 명이 사망하고 1250만 명이 이재민이 되는 큰 피해를 입었는데, 이것이 바로 화위안커우 사건이다. 국민당 정부가 황하 제방을 무너뜨려 일본군에 타격을 주는 데에만 집중해 제방 일대 주민들에게 대피 명령을 전혀 내리지 않고 은밀히 작전을 진행한 것이다. 추후에도 이들은 모든 책임을 일본군에 떠넘겼다. 국제 여론의 동정을 얻고 국민의 원성을 일본군에 전가한 것이다. 이 사건이 일어나자 전 세계가 놀랐고, 심지어 독일의 선전 장관 괴벨스조차 황하 제방 폭파는 악행이라고 비난했다.

제방 폭파로 황하 이남이 범람하는 바람에 일본군은 발이 묶였지만 대신 허난성 남부 지역으로 쳐들어가 순식간에 주요 도시를 점령해버렸다. 1938년 9월, 허난성의 절반이 일본군에게 함락되었으며 이것은 양국 군대가 이 지역에서 장기적으로 대치하는 이유가 된다.

90만 명에 가까운 인명 피해를 낸 이 제방 폭파 사건은 이것으로 끝나지 않고 이후에 있을 더 처참한 재앙의 시발점이었다. 인간이 만든 수해로 황하의 물길이 바뀌고 엄청난 지역의 농토가 습지대나 늪으로 바뀌었다. 이는 허난 지역의 생태계에 커다란 영향을 미쳤는데, 4년 후 발생한 대규모 가뭄과 메뚜기 떼의 출현은 이 사건과 깊은 관련이 있다.

재난 징후

제방 폭파 사건 후, 허난성에서는 진격이 막힌 일본군과 중국군의 장기 대치가 시작됐다. 몇 번의 교전 후 양측 모두 싸움을 회피하고 방어로 일관했다. 전선이 교착 국면에 접어든 것이다. 침략자인 일본은 점령 지역에서 살육과 약탈을 일삼으며 현지인의 식량과 물자, 인력을 강제로 수탈해 보급 물자를 충당했다. 이는 중국의 국민당군도 마찬가지였다.

일본군이 주요 교통로를 거의 장악해 보급이 힘들어지자 중국 정부는 각 부대의 군량을 자신의 주둔지에서 각자 해결하라는 명령을 보냈다. 문제는 북, 동, 남 등 3면에서 일본군과 대치하는 중국군 수만 50만~100만 명에 이르렀고, 이들을 허난성 주민들이 모두 책임져야 한다는 것이다.

중국 각지에서 끌어모은 군의 기강도 엉망이어서 주둔 지역 민간인의 식량이나 재산을 강제로 약탈하는 범죄가 만연했다. 급증하는 군병력을 수용하는 병영과 훈련소, 비행장 등 군사 시설을 만든다는 목적으로 멀쩡한 마을을 비우고 싹 밀어버리기도 했는데, 당연히 마을 주민들은 보상도 받지 못하고 쫓겨나야 했다. 게다가 마을 남자를 보이는 대로 무자비하게 징병해 갔다. 이 때문에 큰 마을 주민들은 국민당군으로부터 마을을 지키려고 자경단을 조직해 군과 대치하기도 했다.

국민당군은 일본군만큼 잔혹했다. 가장 악명 높은 이는 허난성 제1작전지구 부사령관인 탕언보였다. 그의 부대는 허난성 지역민을 말 그대로 탈탈 털었다. 지주고 소작농이고 할 것 없이 식량을 수시로 공출했으며, 가난한 농민들이 기른 소, 말, 돼지, 양, 닭 등 소중한 가축도 보이는 대로 수탈해갔다. 심지어 군화 발로 박차고 방 안에 들어와 솥과 식기류, 이불과 옷가지 등 쓸 만한 것들을 싹 쓸어갔다. 또한 각종 명목으로 무거운 세금을 거두고 벌금을 물렸다. 더 무서운 것은 징병이란 명목으로 산적 떼처럼 집안으로 들이닥치거나 거리에서 아무나 잡아다가 가족들에게 몸값을 뜯어내는 것이었다. 중일전쟁 기간 동안 허난 지역에서만 무려 260만 명이 징집되었는데, 이것은 전국에서 가장 많은 수치다.

이런 실정 때문에 허난성 주민들은 부사령관인 탕언보를 극도로 싫어했고, 황하강 범람, 가뭄, 메뚜기 재해와 더불어 그를 4대 해악으로 꼽았다. 주민 사이에서 "일본군 때문에 집안에 갇혀 불타 죽는다 해도 탕언보 부대가 들어오는 것보다는 차라리 낫다"라는 말이 나돌 정도였다.

앞에서도 말했듯이, 황하강 제방 폭파로 시작된 재난은 90만 명에 가까운 사망자와 1000만 명이 넘는 이재민을 냈으며 새로운 재난의 시작이었다. 큰물이 범람해서 남한의 절반가량 되는 면적이 침수됐고, 물이 빠진 뒤에도 곳곳에 물웅덩이와 습지, 늪이 생겼으며, 농경지에 모래와 자갈이 쌓였다. 이 때문에 1936년 5만2천 제곱킬로미터였던 식량 재배 면적은 1942년 그 절반도 되지 않는 1만8천 제곱킬로미터로 급감했다. 따라서 생산량도 급격히 줄어들었다. 농사를 지어야 할 수백만 명이 죽거나 다치고 이재민이 된 것도 이에 일조했다. 거기다 남아 있는 일꾼도 죄다 징병돼 끌려가고 밭을 갈 소와 말마저 공출당했다.

짧은 이상 호황

식량이 떨어진 허난성 농민은 얼마 남지 않은 집안 살림과 가재도

구를 가지고 나와 팔기 시작했다. 선조의 유품과 가보같이 돈이 될 만한 것들은 모조리 팔았기에 시장에는 이상하게 활력이 돌았다. 도시 곳곳의 빈 터에 시장이 생겼고, 주위 시골에서 온 농민들로 북새통을 이뤘다. 이 때문에 골동품 시장이 흥했으며, 가진 것이 없는 농민은 식구들이 입던 옷가지와 이불, 농기구, 솥단지와 그릇, 심지어 벽에서 떼어낸 못까지 가져와 팔았다. 농민들이 경작할 때 꼭 필요한 농기구와 생활에 필요한 일상 가재도구까지 내다 판다는 것은 당시 아주 심각한 상태였다는 뜻이다.

물건을 갖고 나온 사람들은 대부분 집에 쌀이 한 톨도 남아 있지 않은 사람들로, 이미 며칠을 굶은 이들이었다. 하지만 그렇게 갖고 나온 것이 실제로 팔리는 경우는 별로 없었다. 구경꾼과 값나가는 골동품을 헐값에 사려고 들어온 다른 성의 장사치만 들끓었다.

식량 값은 하루가 다르게 폭등하는데 그렇게 갖고 나온 것은 팔리지 않고 쌓이기만 해 가격은 더 떨어졌다. 그러나 농민들은 그렇게 구한 약간의 돈으로 보리와 밀 같은 겨우 며칠 더 연명할 수 있는 아주 조금의 먹을 것만 구할 수 있었다. 그리고 이 시장도 곧 사라진다.

굶주림, 공포의 시작

이제 거리는 온통 먹을 것을 구걸하는 사람들로 넘쳐났다. 먹을 것이 떨어진 시골을 떠나 도시로 온 이재민들 때문이다. 도시는 좀더 나을까 기대했건만 마찬가지였다. 매일 문 앞에서는 굶어 죽어가며 일어나지 못하는 이들로 처참한 광경이 펼쳐졌고, 아이를 안고 애원하며 울부짖는 부모들로 가득했다. 도시의 양심 있는 지주와 유지들이 돈과 식량을 모아 죽을 쑤어 나눠주기도 했지만 턱없이 부족했다.

굶주린 농민들은 먹을 수 있는 것은 무엇이라도 먹기 시작했다. 나무껍질, 수초, 기러기 똥, 심지어 흙(백색 점토)까지 먹기 시작했다. 누군가 기러기는 들판의 곡식을 먹는데 똥 속에는 아직 소화되지 않은 곡식이 남아 있으므로 기러기 똥은 먹어도 된다고 했다. 이 때문에 많은 사람이 장이 막히고 배가 부풀어 올라 죽었다. 또한 그 당시 사진을 보면 사람 손이 닿는 높이까지 도로 양쪽 옆의 느릅나무의 껍질이 하얗게 벗겨진 것을 볼 수 있다. 나무껍질을 먹으려고 벗겨간 것이다. 이 외에도 베개나 말안장의 쌀겨까지 털어먹었다.

하지만 이런 상황에서도 정부는 구휼은커녕 세금만 독촉했다. 허난

성 고위 공직자와 관리들이 중앙 정부에 기근 사실을 숨긴 것이다. 당과 장제스의 눈치를 살피던 그들은 기근 피해 상황을 제대로 보고하지 않았다. 일본군과 대치하며 최일선이 된 허난성에 당과 전 국민의 관심이 집중되고 엄청난 병력과 장비, 권력이 주어지자 질책 받기가 두려웠던 것이다. 지방 정부는 지역 언론을 통제하며 외부로 보도가 나가는 것을 막았다. 믿기 힘들지만, 이것이 사실이다.

이 때문에 허난성에 대기근이 들었지만 중앙 정부는 물론 다른 성의 국민들도 이 사태를 몰랐고, 전국적인 구휼 운동도 이뤄질 수 없었다. 재해 상황을 제대로 보고하지 않았으므로 허난성의 양곡과 세금 징수 목표치도 평년치 그대로였다. 식량 수확량도 4분의 1 토막이 났지만 평년치대로 내야 했다. 이 때문에 마을 이장과 향리들은 굶주린 동네 사람들을 찾아다니며 세금 독촉을 해야 했는데, 얼마 남지 않은 곡식까지 박박 긁어 바쳐야 하는 농민은 먹고살 길이 없었다. 이런 처절한 상황을 보다 못해 스스로 목숨을 끊은 이장도 많았다. 보다 못한 주둔 군대의 사령관이 상부에 대기근 실정을 보고했지만, 지방성 정부의 보고내용과 다르다며 오히려 당에게 질책을 받는 일까지 있었다.

메뚜기 떼의 습격

그래도 이해 가을 수확철이 될 때까지 허난성 주민들은 희망을 가지고 하늘만 쳐다보았다. 비만 오면 말라가는 농작물을 살릴 수 있고, 채소라도 심어 굶주림을 조금은 면할 수 있기 때문이었다. 그러나 설상가상으로 가을 수확철이 되자 다른 재난이 찾아왔다. 간절히 원하던 비구름 대신 온통 하늘을 뒤덮은 것은 메뚜기 떼였다.

메뚜기는 엄청난 번식력을 가져 하루에 3대가 번식한다는 소문이 들 정도였다. 게다가 장이 직선이어서 먹어도 만족하지 않고 바로 배설하며 또 다른 먹잇감을 찾는다. 메뚜기 떼가 땅에 앉으면 파란 옥수수대가 순식간에 벗겨지고 잎이 사라진 앙상한 검은 대만 남는다. 검게 변한 것은 메뚜기 똥 때문이다.

메뚜기 떼는 1942년부터 1943년까지 2년에 걸쳐 창궐했다. 정확히 이유는 모르지만 황하강 범람으로 생긴 엄청난 넓이의 습지와 물웅덩이에서 생긴 것으로 추정할 뿐이다. 황충이라고 불리는 황갈색 메뚜기 떼가 날아오르면 일시에 천지가 뒤덮여 하늘이 흐려진다. 어둠 속에서 날개 떠는 소리와 자기들끼리 부딪히는 소리가 울려퍼지고, 지상에 솟아난 곡식이 남김없이 사라진다. 일부 사람들이 장작과 연료를 태워 연기로 메뚜기 떼를 쫓아보기도 했지만, 효과는 없었다. 메뚜기 떼는 2년에 걸쳐 허난성 40군데 현으로 점점 번져나갔다.

이상한 것은 나무껍질과 흙을 파먹으며 굶어 죽어가는 사람들도 메뚜기를 먹을 생각은 하지 못했다는 것이다. 농민들은 황충이 하늘의 옥황상제가 벌을 내리는 것이라 생각했고, 따라서 '재앙을 부르는 곤충을 먹으면 상제의 노여움을 산다'고 생각한 것이다. 마을 사람 중 일부가 메뚜기를 구워 먹기도 했지만, 이를 본 노인들에게 호되게 혼이 났다.

가을의 지옥도

가을이 되자 마을은 죽은 사람으로 가득했다. 거리 여기저기에 비쩍 말라 굶어죽은 사람이 즐비하고 하루 평균 아사자는 4천 명을 넘어섰다. 거리는 한산했고, 다니는 행인은 점차 줄었다. 그나마 돌아다니는 이들조차 모두 얼굴은 누렇게 떴으며, 초점 없는 눈으로 비틀거리며 겨우 걸었다. 구걸하던 이들은 진작 쓰러졌다. 당시 시내 번화가를 찍은 사진을 보면 호화로운 장식과 간판이 즐비한 2~3층 높이의 건물들 아래에는 행인이 없다. 텅 빈 거리는 을씨년스러운 분위기만 풍길 뿐이다. 영화 세트장이나 좀비 영화에서나 볼 법한 모습이다.

당시 생존자인 한 노인의 생존 경험담을 들어보자.

그해 가을, 어머니는 집안에 작은 닭을 키우고 있었다. 온 식구가 며칠째 굶주리면서도 최후의 순간에 먹으려고 닭을 잡지 않았다. 거리는 온통 먹을 것을 구걸하는 사람과 시체 천지였고, 남의 집에 들어가 조금 남은 먹을 것을 훔쳐 달아나는 이도 많았다.

어머니는 집에 닭이 있다는 것을 아무도 눈치 채지 못하도록 방안에 가둬두고 몰래 키웠다. 울음소리가 새어나가지 않게 주둥이를 천으로 동여매기까지 했다. 하지만 잡을 때 보니 그 닭조차 제대로 먹지 못해 비쩍 말라 뼈와 털만 남아 있었다. 그래도 우리 두 형제는 이 닭을 나눠 먹고 살아남았다.

당시 그의 마을에서는 세 명에 한 명 꼴로 굶어죽었다며 그는 눈물을 흘렸다.

인간시장

겨울이 되어도 상황은 더 악화될 뿐이었다. 굶주림은 인간성을 빼앗아가고, 곳곳에서 상상도 못할 참상이 벌어졌다. 인간이 인간을 파는 인간 시장이 생겨난 것이다.

추운 겨울이 되자 거리에는 자기 자식을 파는 사람들로 가득했다. 같이 있어봤자 어차피 껴안고 굶어 죽을 일만 남았다고 생각한 부모들이 외지 상인에게 아이를 팔아 아이라도 살리려 한 것이다.

어리고 귀여운 여자아이를 헐값에 사가는 외부 장사치도 많았다. 이들은 이 아이들을 다른 성의 유곽과 홍등가, 돈 많은 노인들의 노리개로 팔았다.

아이들의 머리에는 아이를 판다는 의미의 볏짚이 꽂혀 있었다. 하지만 파는 것 자체도 쉽지 않았다. 부모들은 아이들을 씻기고 그나마 제일 좋은 옷을 찾아 입혀났는데, 초췌하고 남루한 행색의 부모 앞에 앉은 아이만 말끔해서 마치 인형 같은 기묘한 모습이었다. 그러나 운 좋게 아이를 팔아도 밀가루 한 봉지나 겨우 받을 수 있을 뿐이었다.

일단 형성된 인간시장에서는 아이뿐 아니라 집안의 여자들까지 팔았다. 부모가 자식을 팔고, 남편이 아내를, 오빠가 여동생을 팔았다. 인간시장에서는 막 팔려서 헤어지는 가족들이 서로 부둥켜안고 우는 모습이 여기저기서 펼쳐졌다. 생존자들은 굶주린 사람들이 배추나 고구마를 팔듯 자식과 아내를 팔았다고 증언한다. 빵 몇 개나 밀가루 한 봉지를 얻으려고 천륜과 인륜을 어기는 가슴 아픈 일들이 벌어진 것이다.

하지만 이는 결코 서로 사랑하지 않아서 생긴 일이 아니다. 사람들은 사랑하는 자식과 아내가 서서히 굶어 죽어가는 것을 지켜볼 수 없었다. 아이와 아내가 집을 떠나 다른 곳, 다른 사람에게 가서 목숨만이라도 건지기를 바란 것이다. 영화 〈일구사이〉에는 이렇게 팔려서 헤어지는 두 부부가 서로 바지를 바꿔 입으며 작은 정을 나누는 뭉클한 장면이 나온다.

시장에 사람을 파는 이가 늘어나면서 사람은 이제 이불이나 가재도구 값만도 못한 처지가 되었다. 아이들의 값은 이미 큰 폭으로 떨어져 한 명당 밀 반 봉지(한 근)밖에 받지 못했다. 아무리 기다려도 아이가 팔리지 않자 부모는 파는 것조차 포기했다. 그저 마음씨 좋은 사람 눈에 띄기만을 바라면서 몰래 아이들을 시내에 버리고 돌아왔다. 아이들이 울면서 떨어지지 않으려 하면 기둥이나 문짝에 줄로 묶어놓고 도망치듯 나올 뿐이었다. 하지만 외지 상인이 떠나고 더 이상 아이들을 거둬갈 사람조차 없자 추위와 굶주림에 지친 부모 잃은 아이들은 울부짖다 쓰러져 죽어갔다.

또 다른 생존자인 80대 노인은 당시 열여섯 살에 4남매 중 첫째였다고 한다. 매일같이 굶고 길거리에 나무껍질을 캐러 다니던 그때, 그의 귀여운 여동생이 그가 나간 사이에 팔려갔다. 열 살 여동생을 판 대가로 고구마 반 자루를 받았는데, 이 고구마 덕에 그와 두 남동생이 살아날 수 있었다고 했다. 다행히 여동생도 살아남아 10년 뒤 서로 연락이 닿았다고 한다.

서로를 먹다

겨울이 되자 아사자 수는 부쩍 늘어났다. 피난을 떠난 사람들은 어기적어기적 발을 끌며 길을 걷다 갑자기 땅바닥에 고꾸라져 다시 일어나지 못한 채 그대로 숨이 끊겼다. 골목길은 물론 대로 거리 양쪽에 시체가 널렸는데, 대부분 여자와 어린 아이, 노인이었다. 약자들이 먼저 죽어간 것이다. 도시 외곽의 농수로, 제방, 다리 아래, 들판 구덩이에는 도시에서 떠내려 온 아사자가 남녀노소 할 것 없이 여러 층을 이루며 쌓여갔다. 끔찍한 광경이었다.

그런데 밤이 되면 멀쩡한 사람 몇몇이 그 무시무시한 곳으로 찾아들어왔다. 먹을 것을 찾는 굶주린 사람들이 시체에까지 손을 대기 시작한 것이다. 그렇게 시체들은 하룻밤 만에 파헤쳐져 팔다리가 절단되었다. 사지가 잘려 없어지고 내장이 버려진 처참한 광경이었다. 또 이를 근처의 들개들이 뜯어먹으며 내장을 물고 다녔다. 들개들만 토실토실 살쪄갔다.

중국 만두를 파는 노점상은 인육을 만두소에 넣기도 했다. 인육은 전에 먹던 것과 무언가 다른 맛이 나서 구별할 수 있었다고 한다. 혹은 머리카락이나 손톱 조각이 씹히기도 했다. 교수형 당한 죄수의 시체조차 형 집행 후 바로 수습하거나 병사나 가족이 지키지 않으면 밤사이에 다리나 팔 한쪽이 잘려 없어지곤 했다.

　집 밖으로 나갈 힘조차 없던 이들은 더 끔찍한 짓을 저질렀다. 지나가던 아이나 여자에게 먹을 것을 준다며 집 안으로 끌어들여 살해해 잡아먹는 것이다. 최후에 다다른 사람들은 이제 가족끼리도 잡아먹기 시작했다. 어느 부부는 친딸을 죽여 나눠 먹었다. 한번 시작한 남편은 나중에 아내도 먹었고, 그 소식을 들은 다른 집 아내는 자기도 남편에게 잡아먹힐 것이 무서워 밤에 몰래 도망쳤다. 하지만 아내도 결국 얼마 못 가 길에 쓰러져 죽고 말았다.

　인육을 먹은 사람은 눈이 충혈되다가 미쳐서 죽는다는 말이 떠돌았다. 몇 달을 거의 아무것도 먹지 못해 피골이 상접한 상태에서 갑자기 고기를 먹자 탈이 난 것이다. 결국 인육을 먹은 이들도 재앙을 피하지 못하고 대부분 죽어나갔다. 견디다 못한 어느 집은 숨겨둔 패물과 비상금을 모두 걷어 마지막 한 끼를 배불리 먹은 뒤 일가족 전부가 약을 먹고 동반자살하기도 했다.

생존 대이동

1942년 겨울, 허난성의 수백만 이재민은 유일하게 길이 뚫린 서쪽으로 피난을 떠났다. 서쪽으로 가면 먹을 것이 있어 살 수 있다는 근거 없는 소문이 돈 것이다. 이재민들은 지게나 봇짐을 메고 작은 손수레에 가재도구와 이불을 잔뜩 싣고 집을 떠났다. 남편이 수레를 끌면 아내는 뒤에서 밀고, 아이들도 작은 행낭을 멘 채 부모 뒤를 따라 걸었다. 추운 겨울, 정처 없는 일가족의 생존 대이동이 시작된 것이다. 동네 사람들이 다 피난을 떠나는 통에 마을이 텅 비는 곳이 많았다. 물론 재난이 끝난 후에 살던 집에 다시 돌아온 사람은 거의 없었다.

운 좋게 기차를 탄 사람들도 힘들기는 마찬가지였다. 기차는 이미 객차 위와 기관차 위까지 올라간 사람들로 빼곡했다. 기적소리가 울리고 열차가 출발하면 잠시 짬을 내 죽을 퍼먹던 사람들은 허겁지겁 다시 올라타야 했다. 먹던 그릇과 풀어놓은 짐도 챙기지 못한 채 식구들을 지붕 위로 서둘러 끌어올렸다. 그 과정에서 헤어진 가족을 부르는 소리, 떨어져 다친 이의 비명소리, 잃어버린 엄마를 찾아 울부짖는 아이의 울음소리로 기차가 출발할 때는 난리가 따로 없었다. 기차 안도 마찬가지였다. 용변을 보러 화장실에 갔다가는 자리를 빼앗기기

때문에 그냥 그 자리에 앉아 작은 통이나 그릇에 해결하고, 그도 없으면 그냥 바닥에 싸놓았기에 객차에는 냄새가 지독했다. 또한 객차는 매일 아침 밤사이 죽은 가족을 보고 통곡하는 소리로 가득했다. 밤새 지병과 굶주림 때문에 죽은 것이다. 이외에도 일본군 전투기가 수시로 날아들어 기차에 기총소사를 하거나 근처 산의 일본군 포진지에서 포탄이 날아와 객차 한 칸에 탄 사람들이 한순간에 몰살당하는 일도 많았다.

겨울이 깊어져 날씨가 더 추워져도 사람들은 걸음을 멈출 수 없었다. 춥고 배가 고파 잠시 쓰러지면 영원히 일어나지 못했다. 열차 위에 겨우 올라탄 이들도 추위에 떨다 미끄러지거나 이미 동사해서 끊임없이 떨어졌다.

이렇게 허난 지역의 수백만 이재민은 기근이 아직 덜하다는 서쪽 성으로 피난을 떠났다. 정확한 목적지도 없이, 그저 남을 따라 서쪽으로 몰려간 것이다.

다른 한쪽의 환락

믿을 수 없게도, 이런 상황에서 어떤 사람들은 이를 이용해 돈을 모으고 향응을 즐겼다.

일반 국민은 굶어죽거나 피난을 가고, 남자들은 군대에 징집되고 젊은 여자들은 홍등가나 사창가에 팔려갔다. 여자 아이들은 사창가로 팔려가는 것을 제일 무서워했는데, 그만큼 수요가 있었다는 말이다.

주위의 지옥 같은 분위기와 달리 도시 안 깊숙한 곳의 관공서와 군부대 주변, 기차역 주변에는 홍등가가 들어섰다. 인간 장사꾼이 시골 마을이나 시장에서 헐값에 사온 여자아이들이 들어온 것이다. 고위 장교와 고위 공무원, 굶주려 죽어가던 사람들이 내놓은 땅과 보물을 헐값에 사재기한 장사꾼, 어떻게든 이들에게 빌붙어 한몫 챙기려는 기회주의자, 그리고 이들을 연결하는 브로커들은 홍등가에서 돈을 뿌려댔다.

봄이 되면서 이러한 실상이 전국에 서서히 알려졌지만, 전달된 약간의 구호미와 성금도 부패한 관리들의 손을 거치면서 양이 반토막나거나 사라져버렸다. 군인은 휘하 병력 수를 허위 보고해 군량과 운용비를 많이 지급받은 뒤 착복했다. 군 창고엔 이런 양곡이 엄청나게 쌓여 있었고, 장교들은 이것을 몰래 암시장에 비싼 값에 되팔아 돈을 모으고 향락을 즐겼다. 이 때문에 돈을 걷어 이재민 구호에 나선 구호단체마저도 현지 암시장에서 비싼 가격으로 식량을 되살 수밖에 없었다.

아사자가 속출하는 상황에서 현지 식량값이 얼마나 폭등했는지, 눈으로 보아도 믿지 못할 지경이다. 당시 곡물값은 42년, 가뭄이 극심하던 봄부터 하루가 다르게 폭등했다. 중일전쟁 전에는 좁쌀과 밀 한 근에 0.6위안이었지만 42년 보리 수확철 전에는 22위안이 되었다. 그러던 것이 이듬해 1943년 봄, 최악의 대기근 때는 한 근에 300위안까지 올랐다. 전쟁 전에 비해 3백 배 이상 오른 것이다. 이것은 좁쌀과 밀의 경우고, 주식인 쌀은 그보다 훨씬 더 심하게 폭등했다.

해결의 기미

백성들이 최악의 겨울을 겨우겨우 넘길 때쯤, 중앙 정부도 그제야 사태의 심각성을 인식하기 시작했다. 그간 지방 정부와 주둔군의 현지 보고가 간간히 올라갔지만 당과 장제스는 이를 이상하리만치 무시했다. 일본과 격전 중이라 다른 곳의 사기가 저하할 것을 우려한 건지, 황하강 제방 폭파 때처럼 주민을 대량 희생시켜 일본군에 덮어 씌우려 했는지는 알 수 없다. 장제스가 허난 지방의 대기근을 정말로 몰랐는지, 아니면 모른 척을 한 건지는 지금도 여론이 분분하다.

허난의 대재앙은 인근 지방의 한 지역 언론 기자가 이를 취재해 보도하면서 드러나기 시작했다. 물론 이 지방지와 기자는 정부에게 정간을 당했지만, 다행히 한 외국 기자의 눈길을 끌었다.

중국 주재 〈타임〉 기자 시어도어 화이트는 1943년 2월 말 직접 허난성에 들어가 취재를 했고, 다음 달 이 기사는 미국 〈타임〉에 실려 엄청난 반향을 일으켰다. 미국에게 수많은 군수품과 물자를 지원받던 국민당과 장제스는 전 세계 언론으로부터 큰 압력을 받았다. 이쯤 되니 그도 어쩔 수가 없었다. 그해 봄, 허난에서 대기근이 발생한 지 1년이 지난 뒤에야 마침내 중앙 정부의 구제 활동이 시작되었다.

1년간 진행된 허난 대기근은 이렇게 300만 명의 아사자를 내고 마무리되었다. 하지만 이 수치는 허난 서쪽 국민당 통치지역의 수치일 뿐으로, 일본군이 허난지역 북, 동, 남쪽을 장악했기에 이 지역들까지 합치면 최대 500만 명이 굶어죽었다는 주장도 나온다.

1944년, 서쪽으로 피난을 떠났던 주민들은 고향으로 돌아왔다. 하지만 살아 돌아온 사람은 별로 없었다. 재난 전 700명이었던 마을 주민 가운데 400명이 굶어죽은 곳도 있고, 더 소규모 마을의 경우 아예 유령 마을처럼 주민이 한 사람도 없는 곳도 여럿이었다.

1940년 허난성의 인구는 3000만 명이었다. 그리고 대기근을 겪으면서 1943년에 인구 수가 2600만 명 이하로 감소한다. 3년 동안 400만 명 이상이 사라진 것이다.

민심의 반란

1944년, 남태평양 전선에서 미 해군에게 연패하며 밀리기 시작하던 일본군은 중대 결정을 한다. 남방으로의 활로를 뚫고자 대 병력을 모아 중일전쟁 중 최대 규모의 공격을 허난성에서 진행하기로 한 것이다.

이 전투는 4월부터 12월까지 진행됐지만 초기 38일간의 교전으로 5만 일본군은 40만 중국군을 격파한다. 허난 중부까지 일본군에게 점령되었고, 수십만 명의 중국군 패잔병은 정신없이 도망치기 시작했다.

이때 부사령관이자 악명 높은 탕언보가 이끄는 10만 대군도 미국에게서 공여 받은 최신 무기를 갖추었지만 14일 만에 허무하게 무너졌다. 굶주린 백성들을 수탈하는 산적 떼 같던 탕언보 군대는 전투의지조차 빈약했던 것이다.

탕언보의 군대가 퇴각할 때, 생각지도 못한 큰 사건이 벌어졌다. 탕언보 산적 떼가 퇴각한다는 소식을 전해들은 허난 지역 농민들이 엽총, 활, 도검, 죽창, 도끼를 들고 일제히 튀어나와 후퇴하던 자국 군인을 사방에서 공격하기 시작한 것이다. 농민들은 탕언보 군의 총과 탄약을 빼앗고 무장을 해제시켜버렸다. 이 소식을 듣고 가담하는 주민은 점점 늘어났고, 믿을 수 없게도 중국군 5만 명 가까이가 지역 주민의 습격으로 무장해제 당했다. 사건은 여기서 끝나지 않았다. 화가 날 대로 난 주민들은 그동안 유독 자신들을 괴롭히던 탕언보 직속부대의 장교와 사병을 찾아내 집단으로 쏴 죽이거나 산 채로 매장하기도 했다. 재난이 닥쳤을 때 주민에게 온갖 악행을 가하고 수탈하며 괴롭혔던 업보가 이런 결과로 나타난 것이다.

부사령관 탕언보는 취사병으로 가장하여 겨우 도망쳐 중앙 정부에 자신의 패배를 지역 주민 탓으로 돌리고, 허난 사람들을 일본군에게 빌붙은 매국노로 비난했다. 이 때문에 허난성 사람들은 매국노라는 비난이 오랫동안 이어졌다. 하지만 확실한 것은 이 모든 것이 주민의 격렬한 분노 때문에 일어난 일이라는 것이다.

이런 사건들의 실상과 주민들의 분노는 점차 다른 지역으로 퍼져나갔다. 그리고 이는 전체 중국 국민의 마음에도 서서히 퍼져 국민당을 떠나 공산당을 지지하게 만드는 계기가 됐을 것이다. 결국 중국의 근대 역사를 바꿔버린 셈이다. 민심은 이토록 무서운 것이다.

혹독한 기근을 겪으며 살아남은 허난성 사람들에게 먹을 것과 배고픔은 뼛속 깊이 새겨진 트라우마다. 어린시절부터 이를 보고 들으며 자란 허난의 한 아이는 이후 중국과 세상을 놀라게 한다. 중국 최대 육

가공 업체 '쐉후이雙匯' 그룹의 완룽萬隆 회장 이야기다. 그는 허난성의 작은 국영 도살장 사무직에서 일하는 것을 시작으로 회사를 중국의 대표 기업으로 키웠다. 여기서 그치지 않고 2013년 쐉후이는 미국 최대 육류 가공 업체인 '스미스필드 푸드Smithfield Foods'와 호주 최대 육류 업체인 '타브로Tabro'까지 인수한다. 백억 달러가 넘는 인수 대금 상당수가 대출금이었으며, 세계는 그의 추진력에 놀랄 뿐이었다. 완룽 회장은 이렇게 쐉후이를 세계 최대의 글로벌 육류 가공 회사로 키웠다. 그리고 이제 중국인과 세계인 상당수가 먹는 고기가 그의 손을 거쳐간다. 돼지 왕 완룽이라며 놀림받던 가난한 허난성 청년이 세계인의 먹거리를 책임지고 있는 것이다.

1670~1671 조선 경신대기근

잊힌 악몽

배고픔, 특히 뼈저리게 죽도록 배고팠던 기억은 의외로 쉽게 잊힌다. 너무나 끔찍한 나머지 서둘러 잊어버리고, 시간이 지나도 되새김질하거나 말을 꺼내는 것조차 꺼린다. 사람들의 방어기재[defense mechanism]*가 작동한 걸까. 아니면 그때의 기억을 다시 떠올리는 것조차 불길하게 생각하거나 당시의 고통이 되살아날지도 모른다고 여기는 걸까.

---

* 방어기재는 직접적인 위험이나 스트레스를 받는 상황에서 불안에 처한 자신, 혹은 자아를 보호하고자 무의식적으로 나타나는 사고나 행동수단이다. 억압, 망각, 부인, 퇴행, 합리화, 현실왜곡, 반대화 등으로 나타나며 공포와 스트레스 때문에 불쾌한 정서의 강도를 감소시켜 준다. 정신분석학자인 프로이트가 사용하기 시작한 개념으로 요즘에는 정신분석 분야뿐만 아니라 여러 분야에서 널리 쓰이고 있으며, 인간의 적응을 다루는 분야에서는 이를 스트레스에 대한 한 가지 대처 방법을 의미하는 것으로 이해한다.

한민족의 5000년 역사 이래 최대의 대기근이자 100만 명이 굶어죽은 대재앙이 불과 3백 년 전, 조선시대에 있었다. 2년 동안 각종 자연재난과 가뭄, 돌림병, 강추위 등이 동시에 들이닥쳐 역대급 피해를 냈다. 하지만 현재 이를 다룬 기록이나 책, 이에 대해 아는 사람은 많지 않고, 사람들의 기억에서 잊혔다. 임진왜란, 병자호란보다 더 큰 피해를 입어 나라의 존폐를 걱정할 정도였는데도 사람들은 이 사실을 망각했으며, 역사는 그 사건을 마치 없던 일처럼 흘려보냈다. 실제 교과서나 인터넷의 역사 연표를 보면 이 사건은 쏙 빠져 있다. 당시 왕과 집권층에게 이 대기근은 자신들의 실정으로 비춰질 수 있었기에, 그리고 겨우 살아남은 사람은 너무 처참한 기억 때문에 아예 잊어버리는 편을 선택한 것이다. 이제 300년 전, 우리 선조들이 겪은 대재난의 현장을 살펴보자.

만약 어떤 사람이 1585년에 태어나 임진왜란 때 10대를 보내고 아흔 살까지 살았다면 어떨까. 그 사람은 운이 아주 좋기도 하고, 반대로 아주 불행한 삶을 살았다고도 할 수 있다. 우리 역사상 가장 힘든 시기를 겪으며 갖은 고통과 험한 꼴을 보고 살아온 것이기 때문이다.

10대에 임진왜란(1592~1598)에서 겨우 살아남았다 해도 30년 후 중년이 됐을 때 정묘호란(1627)을 겪을 것이다. 여기서도 무사했다면, 채 10년도 되지 않아 병자호란(1636)을 겪는다. 물론 그 사이에도 난과 반정, 기근 등을 여러 차례 겪을 것이다. 하지만 그의 노년 시절이야말로 가장 처참한 재난을 겪을 때다. 이것이 바로 조선 최악의 재난인 경신대기근(1670~1671)이다.

경신대기근은 1670(경술년)~1671년(신해년)에 나타난 대기근으로, 각 해의 앞 글자를 따서 경신대기근이라 부른다.

경신대기근 직전 조선의 인구는 공식적으로는 516만 명(실제로는 1000만 명 추정)인데, 2년간의 굶주림과 돌림병으로 최대 100만 명이 사망했다. 임진왜란이나 병자호란 때보다 더 큰 피해를 입은 조선판 흑사병인 것이다. 오죽하면 임진년, 병자년 병란도 이것보다 참혹하지 않았다고 하는 노인도 있을 정도였다. 인간의 힘으로는 어쩔 수 없는 각종 기상 이변과 가뭄, 돌림병이 제주부터 함경도까지 조선 전체를 강타하며 사람은 물론 가축까지 떼로 죽어나갔다. 심지어 사람이 사람을 먹는 식인 행위가 곳곳에서 공공연하게 이뤄지는데도 크게 처벌받지 않을 정도였다. 기존 사회에서는 상상할 수도 없던 일이었다. 서울의 양반은 물론, 사대부와 왕족들까지 굶어죽고 돌림병에 걸려 죽던 암흑의 시대였다.

기상이변의 시대

중세시대는 지구 전체 기온이 떨어진, 소빙하기라 일컫는 때다. 현대 과학자들은 소빙기가 1400년대부터 시작되어 1800년대 말까지 진행됐다고 보고 있다. 실제 나무 나이테나 빙하의 얼음, 호수의 퇴적물, 동굴에 쌓인 석순을 가지고 분석해보면 몇 년 단위로 상세하게, 그리고 비교적 정확하게 과거 기상 상태를 알아낼 수 있다. 소빙기 중에서도 유독 1600년대, 즉 17세기가 소빙기의 절정기였다.

하멜의 기록

재미있게도 바로 이때 한반도에 체류하며 당시의 날씨와 조선의 기근 상황을 비교적 객관적으로 서술한 서양인의 자료가 있다. 바로 우리나라에도 널리 알려진 〈하멜표류기〉다. 이 표류기를 쓴 네덜란드인 하멜은 1653년 상선을 타고 일본으로 가다 강풍을 만나 제주도 서쪽 해안에 난파한다. 23세의 그는 35명의 동료들과 함께 한양으로 이송되어 훈련도감에 배치되고, 직책도 받는다. 하지만 이후 전남 해남지방에 유배되어 1666년에 탈출할 때까지 13년간 억류되었는데, 하멜표류기는 이때의 기록이다.

하멜표류기를 보면 당시 조선의 날씨는 싸늘했다. 해남지방에도 엄청난 강추위가 일상이었고, 큰 가뭄과 대기근도 거의 일상이나 마찬가지였다고 한다. 배고픔을 견디지 못해 수많은 사람들이 죽거나 집을 떠나 가족과 무리 지어 떠돌며 구걸하는 유민이 된다고 적혀 있다. 이것은 몇 년 뒤에 있을 경신대기근의 전조였다. 하멜은 13년간 조선에 있었다. 만약 서둘러 탈출하지 않고 4년을 더 조선에서 지냈다면 아마 경신대기근에 휘말려 탈출은커녕 생사조차 알 수 없었을 것이다. 아울러 하멜표류기도 없었을 것이다. 실제로 그의 동료 중 몇 명은 조선 여인과 결혼해 조선에 남기를 자청했고, 그 이후의 기록은 없다.

한양에서 2년간 생활한 그의 기록에 따르면 11월 말에 이미 한강 물이 딱딱하게 얼었다. 그것도 살짝 언 정도가 아니라 얼음이 이미 두꺼워 짐을 가득 실은 마차와 사람을 태운 말이 아무런 위험 없이 강을 건넜다고 한다. 또한 그의 일행들은 한양의 한 집에서 기거하면서 겨울 내내 매일 인근 산으로 왕복 33킬로미터를 걸어 다니며 땔감을 해와야 했던 것이 큰 곤혹이었다고 했다. 두꺼운 겨울 옷이 필요했기에 해온 나무를 팔거나 구걸해 장만하기도 했다. 이들이 물의를 일으켜 한양에서 쫓겨나 전남 해남지방으로 유배된 후에는 주위의 기근과 유랑민에 대해 좀 더 자세한 기록을 남겼다.

1662년 봄, 기근으로 수천 명이 죽었다. 도처에서 유랑민들이 나라를 떠돌았다. 이 때문에 왕의 군사는 거리마다 순찰을 계속 했다. 그들은 또한 여기저기 널부려져 있는 굶어죽은 시체를 치우는 임무도 맡았다. 몇몇 마을은 유랑하는 폭도들에게 약탈당했으며, 이 폭도들은 관아의 창고도 약탈했다. 기근에서 살아 남은 백성 중 일부는 도토리, 나무껍질과 잡초로 겨우 연명하고 있었다.

1663년 초, 기근이 벌써 3년간이나 계속되어 많은 사람들이 굶어죽자 모든 지방에서 인구가 감소했다. 강 부근에서는 다행히 농사가 가능했기 때문에 사람들은 아직 얼마간의 벼농사를 지을 수 있었다. 만일 여기에서도 농사 짓는 것이 불가능했다면 모든 조선인이 거의 죽었을 것이다.

이 시기에는 유독 혜성의 출현이 잦았는데, 이 때문에 기온 하락이 빨라진 것 같다는 분석이 있다. 5년 뒤인 1670년 경신대기근 때에도 혜성의 잦은 출현이 반복된다. 이때가 혜성 출현의 절정기였던 듯하다.

1665년 말, 우리는 하늘에 두 개의 혜성이 나타난 것을 보았다. 남동쪽에 나타난 첫 번째 혜성은 거의 두 달 동안이나 보였다. 뒤이어 다른 하나가 모습을 보였다. 이것은 큰 혼란과 공포의 원인이 됐다. 항구 주변의 함대가 대비 태세를 갖추고, 항만의 경계가 강화됐으며, 기병과 보병이 매일 훈련하는 동안 모든 성에는 추가적인 식량과 군수품이 공급됐다. 특히 해안 마을은 어떠한 등불도 켜지 못하게 했다. 이 두려움은 수십 년 전 일본과 청나라의 조선 침입으로 전쟁이 났을 때 비슷한 징조가 하늘에 나타났다는 사실에서 기인한 것이다. 조선인들은 우리에게 이런 현상과 징조를 어떻게 생각하는지 물었고, 우리 네덜란드에서도 이런 징조를 재난이나 전쟁, 홍수, 전염병의 조짐으로 여긴다고 대답하자 고개를 끄덕이며 수긍했다.

하멜표류기의 내용처럼 이미 대재앙이 일어나기 수 년 전부터 한반도에는 추위와 가뭄, 기상 이변, 혜성의 출현이 빈번했다. 백성들은 굶주림과 추위로 인한 고통이 컸으며, 이를 견디지 못해 집단으로 떠돌던 유민들도 흔했다. 하지만 이런 재앙은 잠잠해지기는커녕 점점 더 심해졌고, 마침내 1670년 역사적 대재앙이 찾아온다. 하멜이 조선을 탈출한 지 4년 뒤였다.

불길한 징조
역사는 새해 첫날부터 심상치 않은 징조가 여럿 나타났음을 기록했다.

1670년 음력 1월 1일, 새해 벽두부터 불길한 징조가 나타났다. 낮에는 알록달록한 햇무리가, 밤에는 창백한 달무리가 나타나더니 이것이 한 달 내내 이어졌다. 또한 저녁 어스름할 때나 잠시 보이는 금성이 낮에도 보이기 시작했다. 한 하늘에 빛을 잃은 태양과 달, 그리고 금성이 동시에 나타난 것이다.

천계의 혼란 탓에 공포는 갈수록 더 심해졌다. 곧이어 꼬리가 1미터나 되는 붉은색 유성이 하늘을 침범했고, 곧이어 일주일 간격으로 백색 유성이 뒤따라왔다. 갈수록 큰 유성이 나타나더니, 2월에는 호리병 모양에 붉은 빛과 굉음을 내는 유성이 나타났는데 그 크기가 하늘을 반으로 가를 만큼 거대했다. 태양계를 관통하는 유성뿐만 아니라 땅에 떨어지는 운석도 급증했다.

새해 초, 평안도에 큰 불덩어리가 날아와 떨어졌다. 불덩어리가 떨어진 부근은 대포가 터진 것같이 집과 담이 들썩거릴 정도였으며, 사방 수천 리까지 그 빛과 굉음이 찢어지듯 진동했다. 사람들은 다들 놀라 집을 뛰쳐나와 하늘을 쳐다보며 공포에 떨었다. 아울러 이때 한양에서도 천둥과 번개가 요란했다. 추운 겨울, 눈이 오는 가운데 벼락이 여기저기 무섭게 떨어지며 높은 나무와 집에 불을 내고, 사람과 가축이 벼락에 맞아 쓰러졌다. 혜성을 '살별'이라 부르던 조상들은 삼삼오오 모이면 이것들이 대재난을 암시하는 불길한 징조라며 수군거렸다.

태양이 빛을 잃은 것과 햇무리와 달무리, 낮에 나타난 금성은 운석의 영향이 크다. 운석이 지구에 낙하하면서 발생한 대량의 먼지와 연기 미립자가 햇빛을 차단하고, 전리층을 교란해 겨울 천둥과 번개를 유발한 것이다.

이런 요란하고 흉칙한 현상에 이어, 이제 조용하지만 더 무섭고, 치명적인 재난이 뒤를 따른다. 바로 기온 하락이다. 이미 태양의 활동이 약해진 상황에서 잦은 운석 낙하가 촉매 작용을 해 기온이 하락하는 속도를 높였다.

태양이 약해진 것은 흑점 감소 등 태양 자체의 문제 때문도 있다. 하지만 십수 년에 걸쳐 유성군이 태양계를 요란하게 관통하며 뿜어 놓은 엄청난 가스와 먼지가 지구로 오는 태양열을 더욱더 차단한 듯하다. 이래저래 최악의 상황이 겹쳐졌고, 이 때문에 이 시기는 소빙기의 절정이었다.

자연의 노여움은 하늘뿐만 아니라 땅에서도 거의 동시에 나타났다.

새해 초, 전라도에서 집과 대문이 흔들릴 정도의 지진이 나더니 3월에는 경기도와 경상도에서도 연이어 발생했다. 지진은 6월에는 황해도까지 올라갔고, 이 해 내내 전국에서 크고 작은 지진이 연달아 발생했다. 특히 전라도 광주, 강진, 순창 등에서 심했는데, 흙담장이 무너지고 지붕 기와가 줄줄이 떨어지며 집을 흔들었다. 소나 사람도 제대로 서 있지 못하고 넘어질 정도였다.

이는 현재로서는 상상하기 힘든 규모로, 전반적으로는 진도 4에서 5 정도로 추정되며 광주의 지진은 진도 6 정도의 아주 강력한 지진이었다.

대재앙의 씨앗

신년 초부터 하늘과 땅에 나타나던 요란하고 흉측한 징조는 봄이 되자 현실로 나타나기 시작했다. 극심한 가뭄과 냉해가 전국을 휩쓴 것이다. 한랭대가 한반도를 뒤덮으면서 봄이 되어도 기온은 여전히 서늘하고, 비는 오랫동안 내리지 않았다. 5월은 보리를 수확하고 벼의 씨를 파종하는 때로 1년 중 가장 중요한 시기다. 산지가 많은 한반도는 물을 끌어오는 관개시설이나 저수지가 열악하므로 비가 내리지 않으면 농사를 지을 수 없다. 봄 내내 이어진 가뭄은 벼의 파종은 물론 콩이나 조, 수수 같은 기껏 심어놓은 대체 작물의 씨앗까지 말려버렸다. 1년 농사가 끝장난 것이다. 겨우 살아난 것들도 6~7월에 우박과 서리가 전국을 강타하면서 전부 죽어버렸다. 심지어 한여름인 8월에 우박, 서리는 물론 눈이 전국에 내렸다는 믿기 힘든 기록까지 있다. 우박은 농작물을 뭉개버렸고, 작은 동물이나 새도 떨어뜨렸고, 심지어 우박에 맞아 죽은 아이도 있었다. 산간 고지대와 북부 지방에 위치한 평안도, 함경도의 피해가 특히 심각했다.

가뭄은 7월에 태풍이 한반도로 올라오며 겨우 해갈됐지만 이미 모든 것이 끝장난 상태였다. 여전히 냉해가 강력해 쏟아지는 비도 섬뜩할 만치 차가운 냉우冷雨였다. 태풍도 기상 이변 탓인지 전에는 보지 못한 가공할 만한 크기와 위력이었다. 8월, 제주도에 닥친 초대형 태풍은 바닷물을 해안 마을까지 밀어올리고 섬 깊숙한 곳까지 물을 날려서 온 섬이 바닷물로 흥건했다. 계곡과 냇가는 민물 대신 짠 바닷물이 콸콸 흘렀고, 가뭄을 피해 겨우 심어놓은 푸성귀도 소금물에 모두 말라죽었다. 이 때문에 한반도에서 제주도가 제일 먼저 대기근이 시작됐다. 태풍은 이미 오랫동안 만성적인 가뭄과 기근에 시달리던 주민들에게는 결정타였다. 사람들은 농사에 꼭 필요한 소와 진상품인 말까지 잡아먹고도 쓰러져갔으며, 조정에 구호미를 요청했지만 섬 전체 주민이 모두 굶주리는 통에 양이 턱없이 부족했다.

당시 제주 목사는 "겨우 도착한 진휼곡도 금세 바닥나 이젠 백성들이 서로를 잡아먹을 판입니다"라고 급박하게 보고를 올렸다. 이후 그는 백성들과 함께 매일 포구에 나가 식량을 실은 배가 들어오는지 먼바다만 보며 눈이 빠지게 기다렸고, 기다리던 배가 오지 않으면 주저앉아 대성통곡을 했다. 상황이 점점 더 악화되는 가운데 겨울이 되자 이번엔 폭설이 연이었고, 눈이 3미터나 쌓였다. 이 때문에 사람들은 굶어죽으면서도 집 밖에 나갈 수가 없어 피해는 더욱 커졌다. 이때 제주도민(공식 43,000명)의 20~30퍼센트가 굶어 죽은 것으로 보인다.

이 와중에 병충해까지 나타나 상태를 최악으로 이끌었다. 황충, 그러니까 메뚜기 떼 수천만 마리가 집단으로 이동하며 나락은 물론 초목 자체를 초토화시켰다. 메뚜기들은 이 밭에서 저 밭으로 뛰어다니며 벼와 보리, 밀 같은 곡물은 물론 풀, 나무도 가리지 않고 다 갉아먹었다. 심지어 중요 구황 먹거리인 솔잎까지 먹을 정도였다. 사람들은 젖은 볏짚과 밤나무 장작을 태워 매운 연기를 내고 화승총에 쇳가루와 모래를 넣어 쏘는 등 필사적으로 메뚜기 떼를 막아보려 했지만 전혀 효과가 없었다. 한 줌 남은 먹을거리마저 깡그리 빼앗겨 버린 것이다.

메뚜기 떼가 하늘을 덮었을 때, 굶주린 사람과 가축에게도 알 수 없는 전염병이 무섭게 번지기 시작했다. 농가의 재산 목록 1호인 소가 픽픽 쓰러지기 시작한 것이다. 농사를 국가 근본으로 삼았기에 조정에서는 소의 도축을 금할 정도로 신경 썼는데, 이렇게 중요하게 여기는 소가 황해도에서만 2만2천 마리가 넘게 죽었다.

소 한 마리가 사람 8~9명분의 일을 하는데 이런 소가 거의 전멸되다시피 하자 논갈이와 밭갈이 같은 기본 농사일조차 할 수 없게 되었다. 이미 굶주려 기력이 떨어진 사람들에게는 소를 대체할 것이 마땅치 않았고, 이는 1671년까지 대흉년이 이어지는 이유가 된다.

소 돌림병은 농가의 소를 다 죽인 뒤에도 진정되지 않고 점점 번져 개와 돼지도 비슷한 증세를 보이며 죽어나갔다. 또한 오랫동안 굶주린 사람들이 병에 걸려 죽어 파묻은 소를 몰래 파먹었다 죽는 사태까지 발생했다. 대혼란이었다. 하지만 역시 가장 무서운 것은 사람이 걸리는 돌림병이었다.

ㅣ 괴 전염병의 창궐

전염병은 연초부터 돌기 시작했지만 가을이 되면서 더욱 기승을 부렸다. 이미 오랫동안 굶어 체력이 약해진 사람들이 열악하고 불결한 위생 환경 때문에 병에 더 많이 걸린 것이다. 전염병은 온 조선 땅을 휩쓸었고, 아이, 어른 평민, 양반을 가리지 않고 쓰러뜨렸다.

이제 전염병은 지방을 넘어 한양까지 확산되었다. 4대문 안에 사는 일반 백성, 양반, 노비들은 물론 궁궐에 출입하는 고위 관리와 왕족,

궁녀, 경비병까지 감염되기 시작했다. 고위 관리들은 본인이나 가족이 병에 걸려 궁궐 출입을 하지 못하거나 사직을 청했다. 아직 감염되지 않은 관리들도 돌림병을 피해 이런저런 핑계를 대고 지방으로 탈출하기 시작했다. 심지어 영의정 허적조차 열네 번이나 사직서를 제출했는데, 왕은 다른 관리는 몰라도 허적만은 끝내 붙잡았다고 한다. 대기근과 전염병 창궐로 국가의 존망이 위중한 시국에 관리조차 매일 죽거나 하나둘 사라지고 사직서만 쌓여가는 상황이었다. 이런 상황에서는 엄명조차 통하지 않았다. 왕의 누이인 숙경공주까지 병에 걸려 죽은 것이다.

사랑하는 여동생의 죽음에 통곡하던 왕은 이제 어쩔 수 없이 왕비와 세자를 데리고 외딴 경희궁으로 거처를 옮겨야 했다. 왕과 고위관료가 떠나가자 한양은 병을 피해 피난 가는 사람들로 넘쳐났다. 대기근보다 병이 더 무서웠던 것이다.

청사와 관가까지도 사람들이 죽거나 떠나가 텅텅 비었고, 행정 공백까지 발생했다. 지방의 기근 상황을 전달하는 역참과 파발마저도 텅 비어버렸다. 당시 서울에서 평양까지는 파발로 하루 거리였는데, 역참이 텅 비고 인원이 부족해 이제는 무엇을 전달하는 데 5~7일이나 걸렸다. 전라도에서 7일이면 오던 파발이 무려 19일이나 걸렸다. 국가 운영 시스템까지 붕괴하기 시작한 것이다.

굶주림의 공포

1670년 봄부터 시작된 지독한 가뭄을 시작으로 줄줄이 찾아온 태풍, 이상 저온, 메뚜기 떼, 가축 역병, 돌림병은 전례에 없던 것이었다. 이 때문에 조선팔도 전체의 농사가 다 파탄 나 수확거리가 거의 없었다. 전에는 어느 한 지역에 큰 가뭄이 들어도 다른 지역은 평작이었다. 남부가 흉작이면 북부는 괜찮았다. 또 아무리 가뭄이 들어도 강과 개천을 낀 지역은 농사가 가능했는데 이해에는 거짓말같이 이 모든 것이 다 망쳐져 제대로 되지 않았던 것이다. 믿기지 않는 대재앙이었다.

여름부터 지방을 시작으로 굶어죽는 사람이 생기기 시작했다. 가난한 자부터 피해가 시작된 것이다. 가을이 되어도 수확이 거의 없고 상황이 나아지지 않자 아사자는 더 늘어나 어딜 가든 굶어죽은 시체가 길거리에 널렸다. 대참극의 시작이었다. 그나마 낫다는 서울도 곡물가가 폭등했다. 전에는 쌀 한 섬에 은 2냥이던 것이 몇 달 만에 8냥으로 4~5배 가까이 올랐다. 하지만 이는 시작에 불과했다. 약간 나왔던 물량도 곧 사라져 겨울이 되자 쌀값은 상상할 수 없이 매일 뛰었다. 돈 많은 양반 집도 쌀과 콩 같은 곡물을 살 돈이 부족해서 금과 귀중품을 헐값에 내다 팔아야 할 정도였다.

곡물 외에도 소금 값이 폭등하기 시작했다. 전통적으로 굶주림이 심해지면 사람들은 나무껍질이나 솔잎, 초근목피는 물론 흙까지 캐먹는다. 하지만 그냥은 이것들을 먹을 수 없다. 반드시 소금을 섞어 넣어야 그나마 목으로 넘길 수 있는데, 이마저도 사재기로 폭등한 것이다.

재력가조차 식량을 구하기 힘들 정도였으니, 일반인은 끼니를 하루에 한 끼로 줄이며 겨우겨우 버틸 수밖에 없었다. 굶어죽을 지경이 되자 선량한 사람도 이웃집의 담을 넘어 소와 닭을 훔쳐 잡아먹는 등 민심마저 흉흉해지기 시작했다. 가지고 있던 식량이 다 떨어지자 사람들은 끼니를 이틀에 한 끼로 줄였고, 나무껍질이든 솔잎이든 풀뿌리든 먹을 수 있는 것은 뭐든 다 먹었다. 동네의 닭과 개는 이미 다 사라졌다. 나무껍질이나 다른 이상한 것을 먹으면 잠깐 동안은 배고픔이 가시지만 이런 것들을 먹는 것이 장기화되면 장이 막히고 탈이 날 수밖에 없다. 그래서 다들 변비나 배앓이로 뒹굴었다.

지방을 넘어 이내 곧 한양 거리에서도 굶어죽거나 병에 걸려 죽은 이들의 시체가 쏟아지기 시작했다. 냉혹한 재난은 상민, 평민, 양반을 가리지 않았다. 심지어 한 집의 일가족이 모두 몰살하는 경우도 부지기수였다. 어느 사대부의 집은 일가족이 다 죽고 시집 못 간 딸만 홀로 살아남아 서럽게 통곡했다. 이 소식을 듣고 불쌍히 여긴 왕이 사람을 보내 대신 장례를 치르게 했다. 기록에 따르면 이때 재상급 인사들도 10여 명이나 죽었다.

임금이 사는 궁궐 안이라고 상황이 더 나은 것도 아니었다. 배고픔으로 궁녀들이 쓰러지고, 도성과 궁궐을 지키던 군인마저 밤을 틈타 도망치기 시작했다. 탈영병은 여름에만 100명이 넘었고, 이들이 가진 칼과 조총이 문제가 되자 다른 병사의 무기까지 수거해 봉해 버렸다. 병사들이 이럴 정도니, 감옥 안의 죄인도 먹지 못해 굶어죽는 자가 수백이었다.

유랑민이 된 백성들

이해 대기근의 참혹함은 굶주림에 익숙하던 당시 사람들에게도 충격적인 것이었다. 쓰러진 아사자의 시체가 텅빈 집이나 길거리에 즐비하고, 바싹 마른 채 겨우 살아 있는 사람들은 양반, 평민, 노비할 것 없이 관아와 인근 부잣집을 찾아다니며 "먹을것을 나눠달라"거나 "살려달라"며 울부짖었다. 하지만 관아 구휼소의 멀건 죽도 얼마 못 가 중단되고 만다. 굶주리던 사람들은 더이상 희망이 없자 살던 집을 버리고 떠돌아다니기 시작했다. "산 너머 다른 어느 지방에는 그나마 좀 낫고 먹을 것이 남았다더라", "그곳 구휼소에서는 아직 죽을 준다더라" 하는 뜬소문에 휘둘려 온 가족을 이끌고 터벅터벅 정처없는 길을 나서는 것이다.

너도나도 집을 떠나는 바람에 시골 마을은 사람 흔적조차 없는 유령 마을로 변해버렸다. 마을에 남겨진 집 안에는 미처 수거하지 못해 썩어가는 시체만 남아 있었다. 사람들은 굶주림뿐 아니라 시체 때문에 생길 전염병도 무서웠던 것이다.

지게를 이고, 보따리를 끌어 안고, 배고프다고 우는 아이의 손을 이끌며 정처 없이 거리를 떠도는 사람이 줄을 이었다. 하지만 조선팔도 전체가 먹을 것이 없어 굶주리고 있는 때에 구걸을 한들 목숨같이 소중한 식량을 나눠줄 사람은 거의 없었다. 추운 야외에서 지내고 힘들게 이동하는 바람에 아사자만 더욱 늘어날 수밖에 없었다. 사람들은 굶주림과 추위를 견디지 못하고 서로 조금이라도 더 가진 사람의 것을 빼앗거나 훔쳤다. 한 줌 남은 과부의 쌀을 훔치는 것은 물론 겁탈도 서습치않았고, 심지어 몸에 걸친 옷까지 벗겨 빼앗아가기도 했다. 모여서 세력을 이룬 부랑민은 관가의 창고를 습격해 털었다. 좀도둑질과 약탈을 하다 붙잡혀 감옥에 갇혀도 그저 굶어 죽을 뿐이었다.

한여름에도 눈과 우박이 내릴 정도였던 이해의 겨울은 일찍 시작됐고, 유난히 추웠다. 단풍이 다 들기도 전인데 깊은 산 속에는 벌써 눈이 한 자나 쌓였다. 거리를 떠도는 유민들이 얼어 죽기 시작했다. 거의 먹지 못하고 겨우 초근목피로 연명하던 유민들은 체력도 없고 옷조차 제대로 걸치지 못한 상태였기 때문이다. 이들은 추위를 견디다 못해 남의 옷을 빼앗거나 거리에 죽은 시신의 옷을 벗겨입기도 하고, 심지어는 무덤을 파서 관을 부수어 불을 때고 염의를 훔쳐 입거나 팔기도 했다. 조상의 시신에 예의를 다하는 것을 무엇보다 중요시하던 당시로서는 상상도 못할 일이었다.

구휼대책, 그리고 죽방을 날리다

옛날 사람들에게는 난리와 재해가 끊이지 않았는데, 그것은 결국 식량 문제로 귀결되었다. 배고픔은 일상이었다. 매년 봄 보릿고개가 있었고, 그보다 큰 기근은 기록에 의하면 대략 5년마다 발생했다.

우리가 조선의 태평성대라고 일컫는 세종대왕 시절에도 백성의 굶주림은 큰 고민거리였다. 조선은 초기부터 구휼을 전담하는 진휼청을 만드는 등 어느 정도 대비책을 마련해놓고 있었다. 또한 백성의 가장 큰 부담인 조세 제도를 개혁해 대동법을 시범 시행하기도 했다.

하지만 조선은 근본적인 한계가 있었다. 유교와 성리학을 받아들여 검약을 과하게 숭상하고 상업과 무역, 어업을 억압했다. 농업 외에는 국가의 잉여 생산물과 재산이 늘어날 수가 없었고, 세금도 양반과 노비를 면제이므로 제대로 걷을 수 없었다. 이 때문에 국가의 재정 역시 겨우 근근히 버티는 수준이라 넉넉하지 않았으며, 비상시를 대비한 양곡 비축조차 여유롭지 못했다. 또한 조선팔도에 수레가 다닐 수 있는 제대로 된 도로가 없어 한 지방에서 큰 기근이 생겨도 제때에 많은 양곡을 보내 구휼하기가 힘들었다.

겨울, 대기근으로 굶어죽는 사람이 급증하자 드디어 한양에도 구휼소가 만들어졌다. 관아에서 야외에 천막을 치고 솥을 걸어 죽을 쑤어 나눠주었는데, 이를 죽소 혹은 죽방이라 불렀으며 용산을 비롯해 서너 곳에 있었다. 한양에 큰 죽소, 죽방이 생겼다는 소문이 돌자 전국에서 굶주린 유랑민들이 몰려들기 시작했다. 순식간에 사람들이 불어났고, 서로 먼저 죽을 받아 먹으려고 아수라장이었다. 기력이 다한 이들도 이때만큼은 죽을 힘을 다했다. 행동이 빨라야 조금이라도 얻어먹을 수 있었기 때문이다.

서로 밀치고 당기는 경쟁은 치열했고, 어린이나 여자들은 뒤로 밀려났다. 힘있는 자나 요령있는 자들은 한 번 타먹고 또 타먹기도 했지만 밀리거나 줄을 잘못 선 사람은 국물도 못 먹고 서럽게 울어야만 했다. '국물도 없다'라는 말은 이때 유래된 것이다. 또한 지금도 흔히 쓰는 '엉망진창'이라는 단어도 엉망이 된 진장賑場, 또는 진창賑倉이라는 말에서 나왔을 것이라 여겨진다. 그리고 '죽방을 날리다'라는 표현도 이

때 생긴 것으로, 현재는 '얼굴을 후려치다'라는 뜻으로 쓰이고 있다. 죽소, 죽방이 몇 달 후 폐지되면 굶주리던 사람들은 큰 충격을 받았는데, "관아에서 죽방을 날리다"라는 말이 그 시작이었던 것으로 생각된다.

너무나 많은 이재민들이 몰려들어 구휼미는 순식간에 바닥났다. 다급해진 조정에서는 각 부처의 중요 운영비로 쓰이는 미곡까지 돌려썼고, 심지어 비상시를 대비해 강화도와 남한산성 등에 비축해놓은 것까지 끌어왔다. 그런데도 서너달도 못가 진휼소 창고가 바닥나기 시작했다. 여전히 굶주린 백성들은 몰려드는데 줄 죽은 줄어들어, 결국 죽은 점점 물이 많아지고 옅어질 수밖에 없었다.

이렇게 조정이 어렵게 죽소를 운영하고 있었지만, 죽을 얻어먹은 백성들은 그런 보람도 없이 죽어갔다. 11월부터 한강이 두껍게 얼 정도의 강추위가 일상이 된 그때에 이미 체력이 바닥나고 질병에 걸린 사람들이 죽 한 끼 겨우 먹고 부근에서 밤새 조용히 죽어간 것이다.

죽소 주변에 시체가 산처럼 쌓이기 시작했다. 한 나라의 도성 전체에 시체가 널리고 온 사방에 썩는 냄새가 진동하기 시작한 것이다. 하지만 이미 관리와 병사까지 많이 도망간 상태라 제대로 일을 처리하기가 힘들었다. 결국 승려까지 동원해 시체를 서울 성 밖으로 실어내서 임시로 큰 구덩이를 판 다음 합동 매장을 해야 했다. 아이러니하게도 이때만큼은 신분과 남녀 구분이 사라졌다.

이후 세월이 지나 한양이 확장되면서 집터를 고를 때 한 구덩이에서 매장된 해골 수천 위가 한 번에 쏟아져 나와 사람들의 간담을 서늘하게 하기도 했다.

구휼소는 한양뿐만 아니라 지방 곳곳에서도 열렸다. 지방 백성 구제의 책임이 현지 수령에게 있었기 때문이다. 하지만 일부 지방 수령이 진휼 곡식을 중간에서 몰래 빼돌리기 시작했다. 혹은 죽에 물을 더 많이 타서 차익을 챙기기도 했다. 죽에 젓가락을 꽂았을 때 쓰러지지 않아야 합격인데 물을 많이 넣다 보니 죽이 아니라 미음이 되어버린 것이다. 이 소식이 조정에 보고되자 조정에서는 지방에 암행어사를 파견하는 방안을 논의하기도 했다.

수령들은 자신이 다스리는 고을의 피해 상황도 축소해서 보고했다. 아사자 수를 줄이고 대신 자연사나 병사, 실종, 사고사로 바꿔 보고한 것이다. 자신들이 지방 백성들을 제대로 구휼하지 못해 질책당할 것을 우려해서였다. 이 때문에 위에 보고된 피해 숫자는 실제에 비하면 겨우 열에 한둘뿐이었다고 한다.

조정은 바닥난 재정을 늘리고 구휼미를 확보하고자 철통같이 지키던 신분 질서를 깨는 것까지 허용했다. 돈과 식량을 바치는 이에게 벼슬을 주고, 노비나 천민이라도 해방시켜 양민으로 만들어주었다. 이것이 바로 납속納粟과 면천종량免賤從良이다. 하지만 이마저도 신청자가 적어 실패로 끝났다. 그만큼 조선 전체의 상황은 최악이었다.

매일 전국 각지에서 수천, 수만 명의 백성이 굶어죽는다는 보고가 빗발치고, 돈으로 벼슬과 신분을 파는 것마저 실패하자 임금은 그동안 망설여온 생각을 꺼낸다. 청나라에서 곡물을 수입하자는 것이었다. 청나라에서 북방 육로와 서해 뱃길을 통해 쌀 몇만 석을 수입하면

새해 추수가 시작될 때까지 백성들을 먹이고 급한 불은 끌 수 있을 것이라고 생각한 것이다.

하지만 신하들은 절대 불가하다고 큰 소리로 외쳤다. 사모의 나라 명나라를 멸망시키고 변발하는 오랑캐라 부르며 업신여기던 청나라에 신세를 질 수 없다는 것이었다. 백성이 다 굶어죽어도 이는 절대 있을 수 없는 일이라며 자존심만 세우고 대의명분만 읊어댔다. 지금 백성들 사정이 너무 급박하니 다시 한 번 생각해보라는 임금의 간곡한 부탁에도 조정 대신들은 꿈쩍하지 않았고, 결국 끝까지 완강히 거부하고 외면했다. 참 답답한 일이다. 이미 청나라에서도 조선이 끔찍한 대기근을 겪고 있는 것을 잘 알고 있었기에 조선이 자세를 낮추고 도움을 요청했더라면 바로 지원이 시작됐을 것이다. 하지만 조선의 지배 계층은 알량한 자존심을 앞세우며 스스로 백성 살리기를 포기했다.

참혹한 시절, 인간의 증명

한양의 구휼소도 결국 몰려드는 이재민을 감당하지 못해 몇 달 만에 문을 닫았다. 비축한 양곡이 바닥나고 일말의 희망을 걸었던 청나라 쌀 수입도 흐지부지됐기 때문이었다. 한양이 이 정도였으니 지방은 더 말할 것도 없지 않겠는가. 대부분의 지방 관아에서도 죽소, 죽방을 날려버렸다.

당시는 체면과 예의, 인간의 도리를 강조하던 때였지만 한계상황에 이른 인간에게는 의미 없는 것이었다. 오랫동안 굶주린 불쌍한 백성에게는 더 이상 벗겨먹을 나무껍질도, 캐먹을 풀뿌리도 남아 있지 않았다. 벼랑 끝에 몰린 이들은 양심과 이성을 잃었고, 비린내 나는 생존 본능만이 번뜩였다. 전국에서 도저히 믿기지 않는 사건들이 속속 일어나기 시작했다. 부모들은 배고파 지쳐 잠든 아이를 두고 도망나오거나 심지어 아이를 나무에 묶어놓고 매정히 가버리기도 하였다. 아이들은 엄마아빠를 찾으며 돌아서 떠나가는 부모를 향해 있는 힘을 다해 울부짖었다. 차마 볼 수 없는 비극적인 장면이었다. 이런 일들이 곳곳에서 일어났고, '저 꼴을 보느니 차라리 내 손으로 고통을 덜어주자'라고 생각하는 이들도 있었다. 이런 사람들은 아이를 그냥 연못이나 강물에 밀어버리고 갔다. 어쩌면 차라리 그편이 나을지도 모를 상황이었다.

황해도에서는 한 젊은 유랑민이 어머니를 업고 다니며 먹을 것을 구걸했는데, 갑자기 어머니를 길에 내려두고 그대로 달려가버렸다. 어머니는 그간 함께하던 아들이 아무리 기다려도 오지 않자 눈 속에 주저앉아 서럽게 울었다 한다. 어느 부부는 죽방에서 죽을 받으려고 한참을 기다리는 도중에 남편이 먼저 쓰러져 죽었는데, 아내는 끝내 줄을 서서 받아온 죽을 허겁지겁 다 긁어먹은 뒤에야 시체로 다가가 슬피 통곡을 했다 한다.

결국 우려하던 최악의 상황까지 발생했다. 사람을 잡아먹는 식인이 시작된 것이다. 길거리에 널린 시체의 팔다리를 잘라가는 것은 그나마 나았다. 충청도에서는 굶주린 젊은 엄마가 다섯 살 딸과 세 살 아들을 차례로 죽여 삶아먹은 끔찍한 사건이 일어났다. 나라 전체가 완전히 뒤집힐 만한 큰 사건이었으나, 이때는 워낙 도처에 흔한 일이었기에 별 반응도 없이 묻혔다.

이처럼 굶주림의 고통 앞에서 인간은 너무나 무력한 존재다. 굶주림은 가족과 천륜마저 내려놓을 수 있는 힘듦이다.

2년간의 대기근, 바뀐 역사

2년에 걸친 경신대기근은 새해 벽두부터 시작된 이상 조짐처럼 회복할 수 없는 엄청난 피해를 내며 끝이 났다. 가뭄, 이상 저온, 풍수해, 병충해, 가축병 외에도 전염병까지 겹친 역대급 대재해의 해였다. 일반 백성과 노비는 물론, 양반과 사대부 같은 지배 계층까지 빠짐없이 뼈아픈 고통을 겪었다.

1671년 말, 장문의 상소문이 올라와 구체적인 사망자 수가 조정에 보고되었다. 상소문의 내용은 대기근과 전염병으로 죽은 이가 거의 1백만에 이른다는 것이었다. 대기근 직전 호패법으로 확인된 전국 인구가 공식적으로 516만 명이었으니, 다섯 명 중 한 명이 죽은 것이다. 단군이래 우리 민족 최악의 대기근이라 할 만했다.

믿기지 않게도 비극은 이것으로 끝나지 않았다. 가뭄을 야기한 기상 이변이 여전히 원래대로 돌아오지 않았다. 이 기상 이변 때문에 경신대기근이 끝난지 24년 뒤인 1695년에 또 다시 2년에 걸친 을병대기근이 발생한다. 이때도 대략 100만 명이 죽었다. 한 세대에 두 번이나 이런 참혹한 사태를 겪은 것이다. 이번에는 다행히 청나라에서 쌀을 들여오자는 주장이 처음 논의된 지 24년 만에 실행되어 3만 석의 쌀이 유·무상으로 들어왔다.

17세기 후반, 두 번에 걸친 대기근 참사는 국가 체계와 구성원을 거의 붕괴시켰다. 그런데 오히려 이것이 이후 사회를 변화시킨다.

재난이 끝난 7년 후인 1678년(숙종 4년), 대기근으로 바닥난 국고를 메우고자 상평통보를 발행한다. 이것은 조선 최초의 법정화폐며, 이후 조선 말기까지 엽전이라 불리며 활발히 사용된다.

또, 오랫동안 백성을 짓누르며 괴롭히던 조세가 개혁됐다. 대동법이 완성, 정착된 것이다. 이전에 일부 지역에서 시범적으로 실시되던 것이 두 번의 대기근 때에 그나마 백성들의 숨통을 틔워줬다는 것이 알려지면서 전국으로 대동법이 정착되었다.

그전까지는 세금을 특산품이나 각종 현물로 바쳐야 해 부담이 컸지만, 대동법으로 세금이 미곡과 돈으로 통일되었다. 과세 기준도 집집마다에서 토지의 크기대로로 바뀌었는데, 이는 가난한 영세농민에게 큰 도움이 됐다.

돈의 발행과 대동법의 시행은 화폐경제의 토대가 되었고, 이 덕에 유통도 활발해져 부농과 거상 등 상업 자본도 생겨나게 되었다.

또한 배고픔 때문에 쌀 수확을 최대한 끌어올리는 방법을 고심한 결과, 직파법直播法이 모내기 이앙법移秧法으로 발전, 확대되어 쌀 수확량이 증가한다. 이는 이후 인구 회복의 결정적 토대가 된다.

시대사상도 바뀐다. 집권층의 통치 철학인 주자의 성리학이 고루한 이상만을 추구하고 재난 극복과 삶에 도움이 되지 않는다는 사실이 확인되면서 실학이 태동한다. 한편으로는 예언, 비기, 도참서, 미신, 미륵 신앙 등이 민간에 널리 퍼지며 유독 흥하는데, 이것은 한치 앞을 볼 수 없는 미래에 대한 두려움과 공포의 결과다. 그래서인지 19세기 후반에 조선을 방문한 유럽인들은 조선인이 유독 미신에 집착한다고 지적했다.

불과 340년 전, 우리 땅에 참혹한 두 번의 대기근이 있었고, 조상들 수백만 명이 죽었다. 하지만 지금은 거의 잊혀진 기억이며, 역사에서도 사라져 낯설기만 하다. 앞에서도 말했지만, 너무나 뼈아픈 굶주림과 배고픔의 기억을 어서 빨리 잊고자 하는 개인과 백성을 구하지 못해 비난받을 것이 두려워 이를 숨기고자 하는 집권층의 의지가 역사와 우리들의 기억에서 사라진 원인이 아닐까 싶다.

실제 대기근 피해 기록은 현종 실록, 현종 개수 실록, 승정원일기 등에 나와 있다. 하지만 이후 집권층이 남인이나 서인으로 바뀔 때마다 기록은 계속 달라진다. 집권층이 자신들의 실정이 부끄러워 관련 역사를 숨기고, 없애고, 축소 · 은폐한 흔적이다.

반면 이때 사재를 털어 주위의 백성을 먹여 살린 부자도 있었다. "사방 백리 안에 굶어죽는 사람이 없게 하라"라는 말로 유명한 경주 최부자네가 대표적이다. 당시 만석지기로 유명하던 최부자네는 경신 대기근이 시작되자 곳간을 열어 매일 죽을 쑤어 주위에 나누어주었다. 이는 근방의 백성들이 살아나는 데 큰 도움이 되었다. 최부자네의 선행은 이후로도 쭉 이어져 무려 300년간 지속되었다. 그에 대한 공덕 때문인지, 19세기에 일어난 수많은 난리에도 이 집은 공격받지 않고 무사할 수 있었다. 일제시대 때는 재산 상당수를 독립운동에 지원하다 들켜 큰 고초를 겪기도 했다.

경주 최부자네는 12대 최준(1884~1970) 때에 그 막을 내린다. 하지만 이때도 '노블레스 오블리주'를 실천하며 시대의 귀감이 되었다. 일제에게 재산 상당량을 빼앗겼지만 광복 후인 1947년, 남은 재산을 모두 정리해 영남대학교 설립에 기부한다. 현재 최부잣집은 경주 교동에 지역 문화재로 잘 보존되어 후손들에게 귀감이 되고 있다.

만 석 이상의 재산은 사회에 환원하라

흉년기에는 땅을 늘리지 말라

주변 100리 안에 굶어 죽는 사람이 없게 하라

– 최부자네 가훈 6조 중

1815 인도네시아 탐보라 화산폭발

200년 전인 1815년 4월 10일, 인도네시아 발리섬 동쪽에 있는 탐보라 화산에서 강력한 폭발이 일어났다. 7월 15일까지 무려 세 달이나 대분화가 지속됐는데, 지금까지 기록된 화산 폭발 중 최대 규모다. 이 폭발로 산의 정상 부분 1천400미터가 날아가 탐보라 산의 높이가 4천200미터에서 2천730미터로 낮아질 정도였다. 전문가에 의하면 이 폭발은 히로시마에 투하된 원자폭탄 17만 개가 동시에 폭발한 것과 같은 위력이며, 세 달간 분출된 화산재는 150억 톤 정도로 엄청난 규모라고 한다.

산봉우리가 날아갈 때 그 굉음은 2500킬로미터나 떨어진 곳까지도 들렸으며, 인도네시아 전역에 화산재가 두텁게 쌓였다. 반경 600킬로미터나 되는 지역의 하늘을 화산재가 뒤덮어 3일 동안 낮에도 캄캄한

어둠이 계속되었다. 이때 근처에 살던 섬 주민들은 화산에서 흘러나오는 용암과 화산재, 뜨거운 가스에 순식간에 몰살당했는데, 피해자 수가 무려 7만~9만 명 이상이라고 한다.

150억 톤이나 되는 엄청난 화산재는 성층권 위까지 올라갔고, 이후 바람을 타고 대기권에 흩어져 지구 전역에 영향을 끼쳤다. 화산재와 이산화황이 태양빛을 차단해 지구의 기온을 떨어뜨린 것이다. 화산 폭발이 거대했던 만큼, 대기에 퍼진 화산재의 영향이 사라지기까지도 무려 7년 이상 걸렸다. 이 때문에 지구 기온이 내려가면서 전 세계 각지에 수많은 이상 재난이 발생하기 시작했다.

탐보라 화산 반경 수백 킬로미터 주변의 농경지는 화산재로 뒤덮였다. 당장 식량 생산에 차질이 생긴 것이다. 당시 인도네시아는 네덜란드의 지배를 받고 있었는데, 이런 상황인데도 네덜란드는 현지 식량 수탈 양을 줄여주기는커녕 독촉과 폭력만 더욱 강화했다. 현지인들은 인간이 아닌 동물 취급을 받으며 수탈과 폭력을 견뎠지만 대기근이 심해지자 각지에서 폭동을 일으켰다.

배고픔과 서양인들의 폭력에 지친 인도네시아인들은 계급에 상관없이 뭉쳤고, 네덜란드에 전쟁을 선포하기에 이른다. 이후 압도적인 군사력의 열세에도 5년간이나 전쟁을 이끌며 네덜란드에 심각한 타격을 입히는 데 성공한다.

화산 폭발이 변화시킨 세계

탐보라 화산 분화의 영향은 무려 7년간 계속되었다. 이 시기 북반구는 기온이 급강하고 지구 평균 기온이 1도나 떨어졌다고 한다. 인도네시아뿐만 아니라 유럽과 미국, 한반도까지 영향을 미쳐 각종 이상 기후와 흉작이 이어졌다. 폭발 1년 후인 1816년은 '여름이 사라진 해'로 불릴 정도였다.

멀리 유럽의 하늘도 화산재에 오염되어 어둠침침했고, 오후 늦게부터 노을처럼 붉게 물들었다. 6월이 되었는데도 미국 북동부 지역에는 눈 폭풍이 몰아쳤고, 캐나다에는 눈이 무려 30센티미터나 쌓였다. 추위는 7~8월까지 계속됐고, 강과 호수는 여전히 얼어 있어 말과 썰매가 다닐 수 있었다.

나뭇잎과 풀이 얼어 붙어 새카맣게 변할 정도로 날씨가 추워 곡물 파종은 꿈도 못 꿀 판이었다. 농작물의 수확이 요원해 대기근이 우려되자 식량 가격은 하루가 다르게 천정부지로 뛰었다. 당시 미국에서는 귀리의 가격이 1제곱미터에 3달러 정도였는데, 연말에는 26달러로 폭등했다. 무려 여덟 배나 폭등한 것이다. 사람 먹을 것도 귀한 상황이라 가축에게 먹일 사료도 사라져버렸다. 농부들은 닭이나 돼지 같은 집에서 애지중지 키우던 가축을 도살해서 먹어버렸고, 사료를 먹지 못한 말들은 집단으로 아사했다.

그나마 땅 크기에 비해 사람이 적은 미국은 나은 편이었다. 인구가 많고 경작지가 부족한 구대륙 유럽은 상황이 심각했다. 곳곳에서 흉작 때문에 대기근이 생기자 시민들의 약탈, 폭동, 범죄, 그리고 혁명이

전 유럽을 휩쓸었다. 영국의 여름 3개월간의 평균 기온이 13.4도로 낮아져 밤에는 난로를 때야 했으며, 프랑스에서는 식량 가격이 폭등해 왠만한 시민들은 빵을 살 수 없을 지경이었다.

당연히 유럽각지에서 식량 폭동이 줄을 이었다. 영국에서는 '빵이냐 피냐'라고 적힌 깃발을 든 시민 폭도들이 창과 칼을 들고 거리를 몰려다니며 부자와 상점을 약탈하고 파괴했다. 스위스는 식량 절도범을 광장에서 공개 참수로 다스렸다. 전부터 영국에게 식량을 착취당하던 아일랜드에서는 2년간 6만 5천명이 굶어서, 혹은 병들어 죽었다.

이런 급격한 사회 혼란은 경제 혼란으로 이어져 1818~1819년 유럽 금융 공황과 불황을 초래했다.

유럽의 심각한 식량난과 경제 공황은 "굶어 죽을바에는 신대륙에 가자" 열풍으로 이어졌다. 이전에도 유럽인의 미국 이민이 간간히 있었지만, 탐보라 화산 폭발로 나타난 기상 이변과 대기근 때문에 집단 이민이 시작된 것이다. 이 집단 이민으로 1800년~1820년 사이에 미국 인구는 500만 명에서 1000만 명으로 거의 두 배나 증가한다. 나비 효과처럼 아시아의 화산 폭발이 미국이라는 나라를 키우는 계기가 되고, 새로운 시대가 시작된 것이다. 또한 재밌게도 이후 미국은 인도네시아 독립에도 큰 영향을 미친다. 2차 대전 이후 점령군 일본이 떠나가자 네덜란드는 다시 돌아와 인도네시아를 식민지로 삼으려고 군대를 파견했고, 이에 대항해 인도네시아 독립 전쟁이 일어난다. 수 년간 극렬한 전쟁이 진행되고 서로 인명 피해도 많아지자 결국 미국의 압력으로 네덜란드가 포기하고 물러나 인도네시아는 진정한 독립을 이룬다. 1949년의 일이다.

또한 100년 이상 인도네시아를 식민 지배하며 주민들을 착취하고 굶주려 죽게 한 네덜란드도 2차 대전 때 벌을 받는다. 2차 대전 종전 직전, 독일 때문에 나라가 봉쇄되어 수백만 명의 국민이 대기근을 겪고 수만 명이 아사한 것이다.

탐보라 화산 분화는 서양뿐만 아니라 조선에도 피해를 끼쳤다. 1816년(순조 16년), 조선 남부 지방에 심한 수해와 냉해가 발생해 대흉작으로 수십만의 이재민이 기아에 시달렸다. 이후로도 수시로 끊임없이 기근과 냉해, 홍수, 태풍, 전염병, 민란과 역모가 발생했다. 화산 폭발에 피해입기 직전까지 조선의 인구는 공식적으로 790여 만 명이었는데, 2~3년 후에는 무려 130여 만 명이나 감소한 659만 명이 되었다.

재난이 만든 자전거

탐보라 화산 폭발 때문에 급속히 지구가 냉각돼 미국과 유럽 지역에서 여름에도 눈이 내리고, 대규모 식량난이 발생한 것은 앞서 살펴보았다. 동물 사료값도 엄청나게 폭등해 말이 대량으로 아사하거나 도살되었다. 말이 없어 물자 수송이 끊기니 식량 조달이 더 어려워지고, 기근은 더 심해지는 악순환이 반복되었다. 말이 사라지자 이제 다시 물자 수송과 사람의 이동이 큰 고민거리가 됐다. 이때 자전거의 시초라 할 수 있는 기계가 1818년 유럽에서 처음 생겨난다. 자전거의 정확한 원조는 아직까지도 논란이 있으나, 이때 만들어진 '벨로시페데

Velocipede'와 '드레지엔^{Draisienne}'이 원조라고 할 수 있다. 초기 자전거는 페달 없이 발로 차며 움직이는 단순한 형태였지만 곧 개량을 거쳐 지금 우리가 타는 모양으로 굳어졌고, 이후 200년간 인류의 삶에 지대한 영향을 미친다. 이렇듯 갑작스러운 대규모 자연 재해와 대기근이 나비효과처럼 돌고 돌아 세계사에 큰 영향을 주는 것이 재미있는 부분이다.

1911 레닌그라드 공방전

"까까야 크라시바야Какая Красивая(아가씨, 너무 예뻐요)"라는 이 낯선 말이 최근 국내 대형항공사가 러시아 제2의 도시, 상트페테르부르크 직항을 기념해 광고하는 TV CF에서 자주 흘러나오며 이슈가 되고 있다. 고색창연한 아름다운 러시아의 한 도시에 도착한 우리나라 젊은이들이 거리의 아름다운 아가씨들에게 환호하며 말을 건네는 재미난 장면이다.

러시아 북서쪽, 핀란드와 접해 있는 상트페테르부르크는 200년 이상 제정 러시아의 수도 역할을 한, 유서깊고 고풍스런 건물과 운하, 그리고 미인이 많기로 소문난 아름다운 도시다. 레닌 사후인 1924년에 그를 기념하여 상트페테르부르크에서 레닌그라드로 이름이 바뀐 적이 있으며, 이후 1991년 소련 붕괴 과정 중 다시 본래 이름인 상트페테르부르크를 되찾았다.

바로 이곳이 제 2차 세계 대전 당시 독일군에 대항해 이 도시 시민 전체가 참여한 3년간의 영웅적인 방어 혈전이 벌어진 곳이며, 그 과정에서 시민들의 큰 아픔과 참상이 있었다.

전쟁의 시작

1941년 유럽 전선에서 기세 좋게 맹위를 떨치던 독일은 당시 불가침 조약을 맺고 있던 소련을 기습 침공한다. 히틀러가 2차 대전의 형세는 소련을 최단기에 점령해야 비로소 완성된다고 판단한 것이다. 그래서 무려 300만 명의 독일군이 소련 국경을 넘어 소련을 침공하기 시작했다. 그보다 몇배나 많은 러시아 군대까지 포함하면 인류 역사상 최대 규모의 군사 작전이라고 할 수 있겠다.

개전 초기, 역시 기계화된 독일군의 위력은 막강했다. 독일군은 병력이 훨씬 많은 소련군을 기세 좋게 격파하며 빠른 속도로 밀고 나갔다. 당시 소련은 내전과 숙청 탓에 유능한 지휘관이 부족해 전술 운영에서 상대적으로 뒤쳐진 상태였으므로, 히틀러의 판단은 맞는 듯했다. 그는 나폴레옹이 실패한 러시아(소련) 정복을 자신이 할 수 있다고 믿었다. 독일의 대군단은 셋으로 나뉘어 각각 레닌그라드, 모스크바, 그리고 남부의 우크라이나 곡창지대로 향한다.

대군단 중 하나가 레닌그라드로 향한 이유는 소련 제2의 도시이자 320만 인구에 정치·경제·문화의 중심인 레닌그라드라는 이름이 주는 상징성이 크기 때문이었다. 이곳을 함락시키면 광대한 소련 전역에 큰 충격을 주어 항전 의지를 꺾고 소련이 쉽게 무릎을 꿇게 할 수 있다고 본 것이다. 물론 소련에게도 레닌그라드는 큰 의미가 있었으니, 서로 한치도 물러서지 않는 전쟁이 시작되었다.

독일의 국경 침공이 시작되자마자 도시는 바로 전시 시민 총동원령을 선포하고 적을 막는 도시 요새화 작업에 들어간다. 노인과 어린이를 미리 피난시키고 남자는 물론 젊은 여자도 시민 방어군과 공병이 되어 도시 곳곳에 배치 받았다. 그렇게 온 시민이 달라붙어 밤낮없이 일한 결과, 한 달만에 도시를 둘러싼 엄청난 규모의 방어선을 만들 수 있었다. 도시를 둘러싼 참호의 길이는 무려 2만5000킬로미터였으며, 그 사이사이 목재 바리케이트 190킬로미터, 철조망 635킬로미터가 들어갔다. 여기에 더해 대전차 함정과 지뢰밭 700킬로미터, 벙커가 5000개나 되는 실로 엄청난 규모의 참호가 완성되었다. 말 그대로 도시를 요새화한 것이다.

하지만 독일군의 진격은 예상보다 너무나 빨랐다. 가까스로 도시 외곽 방어선을 구축했지만 시민들이 미처 대피하지 못했다. 레닌그라드는 지리적으로도 불리했다. 북쪽에는 적국인 핀란드 국경이, 서쪽에는 바다가, 동쪽에는 거대한 호수가 있는데 이제 남쪽으로 막강한 독일군이 진격해오기 시작한 것이다. 탈출로와 수단, 시간이 부족해 결국 320여만 명에 달하는 시민이 꼼짝없이 도시에 갇혀버렸다. 소련군이 파죽지세인 독일군에 밀리면서 개전 두 달도 채 되지 않아 독일군은 레닌그라드 턱 밑에 들이쳤다.

8월 말, 레닌그라드는 완전 포위되어 모든 탈출 경로가 차단되었다. 도시 안에 갇힌 300만 명의 시민들은 놀라고 경악할 수밖에 없었다.

신화의 시작

독일군은 외부에서 레닌그라드로 들어가는 모든 도로와 철도를 막고 전기와 가스, 석유, 수도 같은 도시인에게 필수적인 에너지와 물자도 모두 차단했다. 도시 안의 아파트와 벙커에 숨어든 수백만 소련 시민들은 이제 숨죽이며 앞으로 어떤 미래가 다가올지 불안에 떨며 상황을 지켜봐야만 했다. 이윽고 1941년 9월초 독일 포병대와 폭격기의 대규모 시가지 포격이 시작되었다. 이때부터 1944년 1월 27일까지 장장 900일 가까이 역사에 길이 남을 도시방어전이 펼쳐진다.

첫 포격과 공습은 무시무시했다. 온갖 대포가 발사되며 나는 굉음은 천지를 진동했고, 동시에 수만 발의 포탄이 날아가는 소리가 하늘을 찢었다. 곧이어 포탄이 떨어진 도시 안은 불지옥이 됐다. 유서 깊고 아름다운 건축물들이 터져 붕괴되고, 다리가 끊어졌으며, 시민들이 사는 아파트도 불길에 휩싸였다. 시민의 생명줄과 같은 공장과 식량 창고, 병원, 전기와 수도 시설도 독일군의 중요 타격 목표였다. 첫날 공습만으로도 아름답던 물의 도시는 불바다가 되었다.

레닌그라드 시민의 반격도 만만치 않았다. 시민 소방대원은 포탄이 떨어지는 위험에도 아랑곳 않고 불을 끄러 달려갔고, 무너진 건물 더미에서 생존자를 구해냈다. 시 외각 방어 진지로도 끊긴 길을 힘들게 지나 포탄과 탄약, 식량을 실어나르고, 아들뻘인 어린 기관총 사수가 쓰러지면 대신 총을 잡았다.

개전 직전 힘들게 구축한 방어 진지와 시민의 용기 덕분에 압도적인 화력 차이에도 시민군은 밀리지 않고 독일군을 막아낼 수 있었다. 레닌그라드 전 시민이 도망가지 않고 힘을 모아 방어전에 주력하자 독일군은 당황했다. 슬라브 민족을 열등하다고 여기며 개전 초기처럼 자신들의 힘을 과시하면 바로 항복하거나 도망갈 줄 알았는데, 막상 겪어보니 그게 아니었던 것이다.

도시 외곽을 둘러싼 몇 중의 견고한 방어선을 뚫고 진격하기에는 독일군에 너무 큰 피해가 예상됐다. 도시 진입 작전이 연이어 실패하고 지연되자 불같이 화가 난 히틀러는 분노에 차 도시 점령이 아니라 도시 자체를 없애는 것으로 목표를 바꾼다. 300만 시민 전체를 깡그리 없앨 생각을 한 것이다.

히틀러는 그들의 항복을 받아주지 말라는 명령을 내리며 도시 고사 작전에 들어간다. 직접적인 대규모 육상 공격 대신 도시 외곽만을 철통같이 포위하고 포격과 공습만 하는 것이다. 그는 보급이 차단된 도시가 오래 버티지 못하고 조만간 항복할 것이라 생각했다.

도시 고사작전

독일군 탱크의 진입은 막았지만, 계속되는 포격과 공습 탓에 도시 안에는 매일 공습 사이렌과 폭발음이 쉴 틈 없이 울려퍼졌다. 시민들은 남녀노소 할 것 없이 용감하게 싸우고 버텼지만 무차별적인 공습으로 대형 식량 창고가 불타버려 상황이 급격히 악화되었다. 방어전 열흘 만에 시민이 먹을 곡물과 밀가루가 고작 30일 치도 남지 않은 것이다. 비상사태였다. 9월 중순, 결국 식량 배급량은 더 줄어들어 군인과 육체 노동자 500그램, 시민 250그램이 된다. 도시 곳곳에 있는 무료 급식소에서는 배급표를 가져온 이들에게 주먹만 한 작은 빵 조각과 멀건 무우 수프만 배급하기 시작했다. 이것이 하루 먹을 것의 전부였다. 가족이 먹을 하루치 식량을 받아든 엄마는 턱없이 적은 양에 눈물을 흘리며 좌절했다. 하지만 부모는 자신의 몫도 떼어 아이에게 먹였고, 침대 밑에서 배가 고프다며 칭얼대는 아이들을 감싼 채 조금만 견디면 전쟁이 끝나 맛있는 고기 스프를 먹을 수 있을 거라 달래고 안심시켰다.

시민들은 포탄이 떨어지는 와중에도 도로를 제외한 모든 공터에 먹을 수 있는 모든 것을 심었다. 심지어 유서 깊은 대성당 앞의 보도 블럭을 걷어내고 감자, 양배추, 당근 등을 심기도 했다. 하지만 그것이 자라서 먹을 수 있을 때까지는 한참을 기다려야 했고, 사람들이 그때까지 살아 있을지 알 수 없었다. 독일군의 작전대로 레닌그라드에 억류된 320만 시민과 군인들은 급격히 굶어죽어가기 시작했다.

여기서 더 이상 나빠질 수 없다고 다들 생각했지만, 찬 바람이 드는 10월이 되자 도시의 식량 사정은 상상할 수 없을 정도가 되었다. 말 먹이로나 주던 귀리도 귀한 먹거리가 되었고, 호수에 격침된 수송선에서 썩은 밀가루 포대를 인양해 스프를 끓였다. 사람들은 나무껍질, 톱밥, 목화씨, 엉겅퀴까지 먹기 시작했고 자신의 애완용 고양이나 개까지 잡아먹어야 했다. 이제 도시에서는 애완동물은커녕 쥐마저도 찾아볼 수 없었다. 사람들이 영양실조 때문에 괴혈병에 걸리자 시당국은 솔잎을 따서 가루를 내어 배급했다. 이런 노력에도 불구하고 거리에는 아사자가 나타나기 시작했다.

이 와중에도 독일군의 무자비한 포격과 폭격은 계속 되었는데, 하루에 거의 300발의 포탄이 도시 곳곳에 떨어져 시민들을 죽였다. 이 상황에서 그 유명한 첫 겨울이 찾아왔다. 연료도, 전기도, 수도도, 식량도 끊긴 상태에서 혹독한 북극의 겨울이 시작된 것이다.

석유와 석탄은 진작에 사라졌고, 이제 사람들은 공습으로 부서진 집의 나무조각을 가져다 땔감으로 써야 했다. 기온은 점점 더 떨어져 한겨울 밤에는 영하 30도까지 내려갔다.

현대에 사는 우리도 난방과 단열이 잘 된 집안에 있거나 두꺼운 오

리털 파카와 내복을 입고도 겨울 추위를 견디기 힘들어 한다. 그런데 레닌그라드 시민들은 난방이 끊긴 아파트에서 허름한 옷차림으로 굶주린 채 기약도 없이 겨울을 버텨야 했다. 더구나 도시의 모든 아파트의 유리창은 포격으로 대부분 깨져 있었다.

영하 30도의 혹독한 겨울 속에서 굶주린 아이들이 떨며 더 힘들어하자 사람들은 태울 수 있는 것은 모조리 난로에 넣었다. 책장의 책은 물론, 나중에는 책장과 가구도 부수어 난로에 넣고 아이들의 그림과 일기장까지 태워야 했다. 문화재와 목공 미술품들도 부서져 난로에 들어갔다. 이렇게까지 하지 않으면 얼어죽는 수밖에 도리가 없었기 때문이다.

배급은 더욱 줄어 1인당 겨우 125그램을 받을 수 있었다. 작은 비누만 한 크기에 불과한 양이었다. 그나마도 멀건 무우 국이 전부였고, 그 안에 건더기나 기름기는 전혀 없었으며, 배급이 끊기는 날도 잦았다. 도시 곳곳에는 굶어죽거나 얼어 죽은 시민들의 사체가 아무렇게나 널려 있었고, 아이들의 시체도 있었다. 죽은 가족의 시체를 이불에 말아 썰매에 올려 울면서 끌고 가는 사람들이 거리에 줄을 이었다.

바싹 말라 기력이 떨어진 사람들은 이제 집 밖으로 나가지도 못했다. 다리 근육이 사라져 움직일 수조차 없었던 것이다. 이들은 방안의 벽지를 벗겨내 뒷면에 발린 마른 밀가루 풀과 책 표지 제본 뒷면의 풀까지 핥아먹었다. 또한 가죽 벨트와 가죽 가방, 모피코트를 큰 솥에 넣고 끓여 약간의 젤리와 기름기를 만들었다. 양도 적고 고약한 냄새가 났지만, 그런 것은 이미 문제가 아니었다. 여자들은 자신의 화장품까지 먹었다. 바셀린, 립스틱, 화장용 분까지 박박 긁어 먹은 것이다. 상황이 이렇게 되자 돈은 있으나 마나였다. 그래도 금반지나 귀금속으로 암시장에서 아주 적게나마 먹을 것을 구할 수 있긴 했다. 팥알만 한 몇 캐럿짜리 다이아 반지로 겨우 통조림 캔 하나와 바꿀 수 있으면 다행인 수준이었지만 말이다.

공습으로 식량 창고가 불타버리자 사람들은 창고 바닥의 흙을 캐서 주전자에 넣고 끓여 먹기도 했다. 창고가 불타면서 녹아내린 설탕과 기름이 흙 속에 들어 있을 것이라고 믿었기 때문이다. 잿더미 속에서 각종 오물과 늘어붙은 더러운 설탕 덩어리를 찾아내는 날은 운이 좋은 날이었다. 사람들은 이런 것들을 보자마자 허겁지겁 씹어먹었고, 며칠을 더 버틸 힘을 얻을 수 있었다.

남녀노소 할 것 없이 굶주리고 강추위에 지쳐 기력이 떨어진 탓에 사망자 수가 급증했다. 거리에는 온통 죽은 시신이 널브러져 있고, 시체를 거두어 가는 차가 돌아다니는 것이 일상이었다. 하루 사망자 수가 5,000명이 될 때도 있었다. 이해 겨울에만 100만 명의 시민이 굶주림과 추위로 목숨을 잃었다고 추산된다.

결국 굶주림을 버티지 못한 사람들은 식인을 하기 시작했다. 거리에서 얼어죽은 시체의 팔다리가 잘려 없어지는 일이 빈번해졌다. 폭격소리와 굶주림으로 미친 한 여자는 딸을 죽인 후 토막내어 그 고기를 구워먹었다. 남편이 아내를, 부모가 아이를 잡아먹은 경우도 있었다고 한다.

선전 차량은 매일 거리를 돌아다니면서 절대 식인을 하지 말라고 방송했고, 6백 명 이상이 식인 혐의로 경찰에 체포되어 처형됐다.

하지만 시민 대부분이 보여준 용기 있는 모습은 정말 대단했다. 죽도록 굶주리고, 추위에 고통받고, 가족과 친구가 매일 죽어나가는 극한 상황에서도 각자 맡은 일을 열심히 해낸 것이다. 또한 시민들의 항전 의지도 마찬가지로 대단했다. 여자들도 어지러운 몸을 이끌고 나와 도시 곳곳의 공장에서 포탄과 탄약을 만들었는데, 일하면서도 기력이 떨어져 수시로 쓰러지곤 했다.

농업 연구소에서는 연구원들이 눈앞에 쌓인 20만 종에 가까운 식용 작물 종자를 지키다 굶어죽기도 했다. 종자를 먹었으면 살 수 있었는데도 끝까지 지켜낸 것이다.

세계적인 작곡가 드미트리 쇼스타코비치도 당시에 소방대원과 대공포 요원으로 활동했다. 그 와중에 악상을 얻어 만든 7번 교향곡 〈레닌그라드〉로 폐허가 된 거리에서 공연을 열기도 했다. 이미 동료 단원 여럿이 포격과 굶주림으로 죽어 빈 자리가 많았지만, 걸을 수 있는 나머지 교향악단 단원은 무료 연주회를 열어 시민들을 격려하고 위로해주었다. 연극 배우도 마찬가지였다. 이미 움직일 힘도 없고, 분장에 쓸 화장 분까지 다 먹어버린 상태였지만 그래도 간이 무대 위에 올라 혼신의 연기를 펼쳐 사람들에게 잠시나마 웃음을 주어 고통을 잊게 했다. 하지만 무리하게 있는 힘을 다해 연기하다가 지쳐 쓰러지거나 기절하기도 했다. 이렇게 대부분의 시민들이 물러서지 않고 자리를 지키며 자기 할 일을 다한 덕에 그나마 도시의 기능과 질서가 유지되어 군인들은 도시 수비에 전념할 수 있었다.

기적을 보다

포위된 시민들이 겨우겨우 어렵게 버티는 가운데, 기적 같은 일이 생긴다. 도시 동쪽을 막고 있는 강원도 크기의 거대한 라도가 호수가 얼어붙기 시작한 것이다. 드디어 얼음 위를 따라 애타게 기다리던 식량과 보급품을 실은 트럭이 들어오기 시작했다. 살 수 있다는 희망을 본 시민들은 환호했다.

트럭들은 식량을 싣고 도시로 들어왔고, 되돌아갈 때는 적재함에 어린이와 환자들을 가득 싣고 나갔다. 하지만 얼음길은 아주 위험했다. 레닌그라드 시민을 모두 고사시킬 생각이었던 독일군은 수송트럭 대열을 향해 밤낮을 가리지 않고 포탄을 발사하고 전투기로 기관총을 쏘아댔다. 식량이나 아이들을 운송하던 트럭은 한순간에 뒤집힌 얼음 속으로 미끄러져 사라졌고, 겨우 탈출해 구조되어도 물에 젖어 바로 얼어 죽고 말았다. 넓이가 40~50킬로미터나 되는 하얀 얼음길을 지나

가는 트럭은 너무나 눈에 잘 보였고, 이를 노리는 갑자기 하늘에서 나타난 독일 전투기는 큰 낫을 든 죽음의 사신 같았다. 레닌그라드 시민들은 호수 보급로를 '생명의 길'이라고 불렀지만, 사실은 "죽음의 길"이 더 어울릴 만한 위험한 탈출구였다.

수많은 트럭이 매일 공격당해 호수 밑바닥으로 사라져갔다. 하지만 시민들은 그 위험을 잘 알면서도 굶주려 죽어가는 도시의 아이들을 탈출시키려고 트럭 운전병에 지원했다. 이렇게 죽음을 각오한 이들의 헌신적인 노력과 용기로 죽어가던 시민과 아이들, 군인 등 130만 명이 호수 건너의 안전지대로 탈출하는 데 성공했고, 소중한 식량도 들여올 수 있었다.

이런 식으로 2년 이상을 더 버티다 1944년 2월에 독일군이 포위를 풀고 물러나면서 고립됐던 도시는 해방이 된다. 무려 900일 만의 일이었다. 그동안 독일군의 각종 포탄 25만 발이 쏟아졌지만 결국 이겨낸 것이다.

이 용기 있는 저항이 알려지자 레닌그라드에는 '영웅 도시'라는 칭호가 내려졌고, 레닌그라드는 역사적으로 길이 남을 신화가 되었다. 하지만 이 기간 동안 굶주림과 추위, 포격 때문에 생긴 사망자는 무려 150만 명에 달했다. 도시 인구의 3분의 1 이상이 죽은 것이다. 그 외에도 많은 귀중한 문화 유산이 독일군의 공격으로 파괴되거나 난로 땔감으로 소실되었다.

"트로이도 함락되고 로마도 함락되었지만 레닌그라드는 함락되지 않았다."

시민들의 자부심 넘치는 환호는 충분히 박수를 받을 만한 것이었다. 만약 레닌그라드가 초기에 무릎을 꿇고 항복했다면 독일군은 북방 대병력을 곧바로 모스크바 공방전에 투입했을 것이다. 그랬다면 아슬아슬한 상황이던 모스크바 전투도 순식간에 전세가 기울어 소련은 패배했을 것이고, 소련이 독일에 합병되었다면 2차 대전에서 히틀러와 나치가 승리했을지도 모른다.

새로 시작된 역사

레닌그라드 공방전 중 최전선에서 싸우던 한 젊은 소련 병사가 큰 부상을 입었다. 그는 동료의 도움으로 겨우 죽을 고비를 넘기고 살아남았지만 겨우 서른 살에 회복할 수 없는 큰 장애가 생겼다. 집에서 홀로 그를 애타게 기다리던 동갑의 아내 마리아 푸티나 역시 오랜 굶주림과 추위에 시달리다 질병으로 쓰러져 거의 죽을 지경이었다. 더 안타까운 것은 그들의 사랑스러운 아이가 얼마 전 죽었다는 것이다. 이 둘은 천신만고 끝에 겨우 살아남아 재회하지만, 무엇과도 바꿀 수 없는 아이를 잃은 탓에 큰 슬픔을 느꼈다. 전쟁이 끝나고 겨우 건강을 회복한 부부는 1952년 10월 7일, 두 번째 아이를 낳는다.

그 아이의 이름은 블라디미르 푸틴이다.

1932 우크라이나 홀로도모르

위는 청색으로, 아래는 황색으로 가득 찬 국기. 이것은 우크라이나의 국기로, 모국의 풍요로운 금빛 밀밭과 푸른 하늘을 상징한다. 국기에서도 알 수 있듯이, 우크라이나는 풍요롭고 아름다운 동유럽 최대의 곡창지대로, 남한 면적의 여섯 배나 되는 비옥한 대평원이 펼쳐진, 전 세계 옥수수 수출 3위, 밀 6위의 곡물 수출국이다(2013년 기준).

역설적이게도 이런 풍요로운 자연 환경은 오히려 타 민족의 지배와 수탈을 불러왔다. 우크라이나는 지난 수백 년간 제대로 독립된 나라를 갖지 못했다는 아픈 사연이 있는 나라였다. 그러다 1991년 구소련의 붕괴로 처음 통일 독립국가를 수립할 수 있었다. 허나 2014년 초부터 시작된 반정부 시위는 내전이 되었고, 이 때문에 국토마저 분단되면서 아직도 분쟁이 끊임없이 진행되고 있다. 현재의 우크라이나는 러시아와 서방의 대리전 양상을 띠는 전 세계에서 가장 위험한 화약고다.

이 이야기는 우크라이나인들이 가지고 있는 러시아에 대한 오랜 분노가 근본 배경이다. 1932~1933년, 우크라이나는 스탈린으로부터 가혹한 수탈을 당했고, 거의 천만 명이나 되는 사람들이 굶어죽은 대기근 사건이 발생했다. 풍요로운 땅에서 인류 역사에 남을 대기근 참사가 발생했으니 주민들로서는 기가 막힐 수밖에 없고, 아직도 그 앙금은 깊이 남아 있다. 인류 역사에 수십, 수백만 단위의 대기근 참사는 있지만 우크라이나처럼 천만 명 단위는 없다. 심지어 그 이유가 자연재해 때문이 아니라 지배세력의 가혹한 통치 때문이었으니, 분노가 사라지지 않을 만하다.

지금 두 나라는 앙숙이지만, 아이러니하게도 러시아와 우크라이나는 뿌리가 같아 오랜 옛날에는 한 나라 한 민족이었다. 그러다 몽골의 침입으로 갈라지기 시작해 우크라이나는 러시아, 폴란드, 리투아니아, 오스만, 체코, 루마니아 등 여러 나라의 지배를 받았다. 넓고 비옥한 곡창지대는 누구나 탐내는 땅이었고, 이 때문에 격동의 20세기를 전후해 지형도가 수시로 바뀐다. 나이팅게일의 활동 무대로 잘 알려진 크림 전쟁도 이곳에서 일어난 여러 전쟁 중 하나다.

이런 상황 탓에 1991년 구소련이 붕괴될 때까지 우크라이나는 한

번도 제대로 독립 국가가 되어본 적이 없었다. 20세기 초의 혼란스럽고 피비린내 나는 러시아 혁명기에도 이들은 끊임없이 독립을 시도하며 적백내전에도 참가했지만, 모든 노력이 실패로 돌아갔다. 오히려 스탈린의 노여움만 산 채 1922년, 소련에 강제 합병당한다.

스탈린의 계획 경제

러시아는 19세기 중엽까지 농노 제도가 유지되던 후진 봉건 사회였다. 농노는 돼지 몇 마리나 밀 몇포대에 팔리며 물건 취급을 당했다. 당시 서유럽에서는 이미 민주주의는 물론 시민의 사회복지 제도까지 논의하고 있었으니, 이와 비교하면 러시아는 믿을 수 없이 낙후된 국가였다. 그러다 20세기초 레닌의 공산주의 혁명과 내전이 러시아를 강타하면서 사회는 급격히 변화하기 시작한다. 혁명은 성공했지만, 오랜 혁명과 내전으로 소련 전 국토가 잿더미가 되고 경제는 밑바닥까지 추락했다. 레닌 사후 정권을 장악한 스탈린에게는 무엇보다 경제를 일으키는 것이 급선무였다. 제정 러시아를 몰락시킨 혁명의 당위성을 국민에게 보여주어야 했고, 세계적으로는 공산주의의 우수성을 과시하려 했던 것이다. 스탈린은 1928년부터 경제 개발 5개년 계획을 수립하여 근대적 공업화와 산업화를 강하게 밀어붙인다.

농업 국가를 탈피하고 대량 생산이 가능한 공업 국가로 변신하려면 서유럽의 최신 기계류와 기술을 수입해야 했다. 하지만 당시 소련이 팔 수 있는 것은 곡물밖에 없었기에 식량 생산과 공출을 높이고자 농민에게 집단 농장 체제를 강제한다. 가혹한 수탈은 효과적일 수밖에 없다. 1930년대, 소련은 매년 10퍼센트의 경이적인 성장을 보이며 발전한다. 미국을 비롯한 모든 나라가 대공황으로 휘청일 때였으므로, 그 사이에서 소련의 성장은 더 또렷하게 돋보였다.

덕분에 소련은 제2차 세계 대전 직전 독일, 프랑스, 영국 등 서유럽을 추월하고 미국에 이어 세계 2위의 경제대국이 된다. 16년 전, 오랜 혁명과 내전으로 모든 것이 잿더미가 된 농업 국가가 계획경제로 순식간에 세계적인 강대국이 된 것이다. 2차 대전 초기 강력한 독일군에 연전연패하며 내륙 깊은곳까지 밀리는 큰 피해를 입었지만 결국 이겨낸 밑바탕에도 이 산업화의 성공이 깔려 있었다.

러시아의 급격한 경제 성장은 당시 서양에도 큰 충격을 주었으며, 이후 냉전시대에까지 영향을 미친다. 중국과 북한도 소련을 본따 계획경제를 도입한 것이다. 한국도 62년부터 경제 개발 5개년 계획을 실시하는데, 이에 영향을 받은 것이다.

우크라이나 수탈

소련에는 얼마 전까지만 해도 농노 제도가 있었고, 폐지가 된 후에도 국민들은 살던 곳을 떠나지 않고 농촌 공동체로 토지를 공유하는 전통에 익숙했다. 문제는 우크라이나였다. 비옥한 흑토가 있어 전 러시아를 먹여 살릴 만큼 풍요로운 우크라이나에서는 개인이 농지를 소유하는 전통이 강해 '쿨라크'라고 부르는 부농이 많았다. 이들은 당연히 자신의 토지를 빼앗는 집단 농장화에 반대하고 저항했다. 이는 결국 다시금 우크라이나 독립의 목소리가 높아지는 상황을 만들었다.

전부터 우크라이나에 앙심이 있던 스탈린에게 이것은 묵과할 수 없는 중요한 사안이었다. 그는 우크라이나의 저항을 순수한 농민의 목소리가 아니라 독립을 위한 민족주의 운동으로 보았다. 이에 밀렸다가는 소련 각지에서 분리주의 민족운동이 일어날 것이 두려웠던 그는 본보기가 필요했다. 이에 더욱 가혹하고 강력한 통치가 시작된다. 우크라이나에 생산량보다 더 많은 식량 공출 목표를 할당한 것이다.

아울러 우크라이나 지도 계층의 싹을 자르기 시작한다. 집단화에 반대하는 정치인과 비협조적인 관리, 지식인, 언론인, 정교회 성직자 수천 명을 찾아내 누명을 씌워 처형하고, 집집마다 찾아다니며 공출을 더욱 가혹하게 독촉했다.

농민들은 이에 대한 항의와 집단 농장화에 대한 반발로 자신들이 기르던 가축을 도살하기 시작했다. 어차피 빼앗길 것이라면 내가 다 먹어치운다는 청야전술을 쓴 것이다

매일 밤, 어두워지면 집집마다 그동안 애지중지 키우던 가축을 도살하기 시작했다. 갓 태어난 어린 양이든 새끼를 밴 어미 돼지든, 내일 밭을 갈 황소와 젖도 못 뗀 송아지도 예외는 없었다. 그리고 잡은 고기를 온 가족이 모여 배터지게 먹었다.

식탁 위는 그렇게 잡아 구운 각종 고기로 꽉 찼고, 식탁 아래로는 기름이 줄줄 흘러 흥건했다. 사람들은 남녀노소 할 것 없이 게걸스럽게 먹어댔고, 이 피의 열풍은 도미노처럼 다른 곳으로 급속히 전파됐

다. 하지만 이렇게 기름진 고기로 배를 가득 채운 농민들은 앞으로 처절한 대기근이 자신들을 덮칠 줄은 꿈에도 몰랐다.

　우크라이나 곳곳에서 이런 행위가 벌어지자 소련 공산당은 분개해 서둘러 더욱 가혹한 수탈에 들어간다. 온 사방을 돌아다니며 사람들이 먹을 곡식과 남아있는 가축을 모두 실어갔다. 심지어 이듬해 심을 종자와 씨앗을 모두 털어가는 것은 물론, 개를 이용해 집안 곳곳에 땅을 파고 교묘히 숨겨둔 식량과 고기까지 모두 찾아냈다. 당장 내일 먹을 식량도 없다는 농민들의 울부짖음은 외면당했다. 청야전술에 대한 보복이었다.

　1932년 가을, 굶주린 농민이 아사하기 시작했어도 곡물 수탈은 계속됐다. 또한 농민들이 수확 뒤 들판에 나가 이삭줍기를 하거나 미처 못 캔 감자를 캐와도 잡아와 총살하거나 감금했다. 상황은 사람들이 생각지도 못한 방향으로, 최악으로 변했다. 도시와 농촌을 가릴 것 없이 우크라이나 사람들은 굶어서 쓰러지고 죽기 시작했다. 전에는 기근이 있어도 농촌에는 먹을 만한 것이 있었는데, 지금은 농촌마저 몽땅 수탈당해 남아 있는 것이 하나도 없었다.

　이듬해, 지옥이 시작됐다. 소와 말이 사라지자 농업 생산량까지 추락했으나 수탈량은 줄어들지 않았다. 우크라이나 전 지역이 대기근을 앓고 있는데도 스탈린과 당은 구호식량을 주기는커녕 다른 지역에서 곡물이 들어오는 것조차 막아버렸다.

　이제 사람들은 나무껍질과 풀을 뜯어 먹고 흙도 먹었다. 흙 속에 개미나 알이라도 있기를 바란 것이다.

기억하고 싶지 않은 끔찍한 과거

우크라이나 전역에서 국민 수백만 명이 굶주리며 대량으로 죽어갔다. 한편, 인육을 먹는 식인 행위가 광범위하게 늘었다. 이 당시에 외국 기자가 찍은 사진을 보면 사람의 팔다리와 머리를 잘라 매대에 올려 놓은 시장의 모습을 찾아볼 수 있다. 그 자체로도 끔찍한 상황이지만, 카메라를 바라보는 상인의 눈빛은 흑백 사진인데도 야수와 같은 서늘함이 느껴져 살벌할 정도다.

처음엔 죽은 시체를 먹는 정도였지만 곧 산 사람, 특히 아이를 잡아먹기 시작했다고 한다. 차마 자기 아이들을 죽일 수 없어 옆 집과 교환해 잡아 먹었다고도 한다.

지독한 굶주림은 이렇게 인륜과 천륜, 최소한의 도리마저 앗아가고 날선 생존 본능만을 남겼다.

식인 행위가 너무나도 광범위하게 퍼져 당시 정부에서는 '내 자식을 잡아먹는 것은 야만인과 같다'라는 포스터를 제작해서 시내 곳곳에 붙일 정도였다. 소련 정부는 우크라이나를 통제하고 외부의 접근을 막

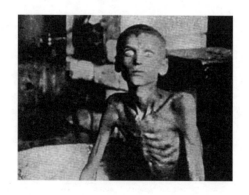

앉지만 이를 힘들게 취재한 외국 기자가 있었다. 그러나 어렵게 나온 기사를 본 유럽 사람들은 절대 믿을 수 없다는 반응을 보였고, 이 기자의 노력은 안타깝게 묻히고 만다.

1932~1933년, 기근으로 굶어죽거나 질병에 걸려 사라진 인구가 약 500만~1000만 명에 이르는 것으로 추산된다. 보통 이런 대기근이 발생하면 외부 지원이 들어오거나 인근 외국으로 대량 탈주가 이어지는데, 우크라이나는 이마저도 통제당해 피해는 상상을 초월했다. 더구나 기근이 마무리된 뒤에도 소련 정부가 이를 철저히 은폐하고 보도를 통제해 피해 규모는 지금까지도 정확히 밝혀지지 않고 있다.

이 대기근은 가뭄 같은 자연 재해나 전쟁 때문이 아니라 정치적 결정으로 발생한 것이기 때문에 우크라이나나 서방에서는 이 참사를 '기아에 의한 인위적 대학살', 홀로도모르^{Holodomor}로 공식 규정하고 있다. 우크라이나 정부는 매년 11월 넷째 주 토요일을 홀로도모르 추모 기념일로 지정하고 대통령과 수많은 국민이 모여 기념식을 열며 그때를 잊지 말자고 다짐한다.

홀로도모르가 남긴 새로운 역사

겨우 살아남은 우크라이나인에게 이 사건이 남긴 것은 뼈에 사무치는 분노와 증오였다. 들판에는 밀과 옥수수가 풍요롭게 자라나는데 이를 보면서도 수많은 사람이 굶어죽고 서로를 잡아먹던 날은 결코 용서하거나 잊을 수 없었다. 이 때문에 1941년 독일군이 우크라이나를 침공했을 때 우크라이나 사람들은 쌍수를 들고 환영했다. 독일이 소련을 무참히 박살내주기를 바란 것이다. 이때 만약 독일군이 좀 더 이들을 너그럽게 대해 자기 편으로 만들었다면 2차 대전의 역사도 확 바뀌었을지 모른다. 하지만 모든 슬라브인을 열등한 야만인으로 차별하던 독일군은 오히려 이들을 억압하고 학살했다.

2차 대전이 끝난 뒤에는 독일군을 환영하고 그들에게 협력했다는 이유로 다시 스탈린에게 보복 학살을 당하는 기가 막힌 일이 벌어졌다. 대기근의 참사와 아픔은 2차 대전 이후에도 우크라이나를 따라다녔다

우크라이나에 대기근을 유발하며 수백만 명을 죽인 스탈린이 1953년 뇌출혈로 갑자기 사망하자 흐루시초프가 공산당 서기장에 올라 정권을 잡는다. 러시아계지만 우크라이나가 고향인 그는 우크라이나인의 크나큰 한(恨)과 억울함을 잘 알고 있었다. 또한 스탈린 밑에서 잔혹한 공포 정치의 피해를 절감하던 그는 이미 신격화된 스탈린의 잔혹성을 알리고 격하 작업에 들어가는 한편, 노골적인 우크라이나 우대 정책을 실시한다.

흐루시초프는 우크라이나인을 요직에 등용해 자신의 주변부에 포진시킨다. 그리고 1953년 양국 합병일 300주년을 맞아 크림 반도를 소련 영토에서 우크라이나 영토로 넘기는 선심 정책을 발표한다. 당시에는 단순히 행정구획의 변경에 불과한, 민심을 달래는 정책이었지만 이것은 명백히 법을 위반하는 행위였다. 그리고 이 때의 일은 60년이 지나 또 한 번 피를 부르는 씨앗이 된다. 그것이 우리가 익히 아는

2014년 우크라이나 유혈 시위(유로마이단)와 분리 내전이다.

한편 흐루시초프의 후계자로 1982년까지 서기장 자리에 있던 브레즈네프도 우크라이나 출신이다. 또 하나 재미있는 것은 이런 아이러니의 역사가 고르바초프까지도 이어진다는 것이다.

우크라이나인이 바꾼 세상

한국에서도 유명한 고르바초프 역시 우크라이나인의 피가 섞여 있다. 그의 고향은 러시아 북부지만, 아버지가 이주한 우크라이나인이었다. 이 때문에 그의 가족은 타지에서 온갖 고초를 겪었다. 그의 친할아버지와 외할아버지는 스탈린에게 반혁명 분자로 몰려 감옥에 갇혀 고문을 받았고, 그중 한 명은 결국 강제 수용소에서 죽었다. 아버지도 제2차 세계 대전에 징집되어 싸우다 전사 처리됐다. 10대의 고르바초프는 아버지의 전사 통지를 받고 온 가족과 3일간 울었는데, 나중에 살아 돌아온 아버지를 보고 기뻐 날뛰었다고 한다.

그는 대기근도 겪었다. 1933년, 세 살이 됐을 때 우크라이나를 포함한 전국을 덮친 대기근을 같이 겪은 것이다. 대기근 때 마을 사람 절반이 굶어 죽고 그의 집에서도 누이 두 명이 죽었는데, 이때의 기억이 너무나 강렬해 어린 나이 때의 일임에도 잊지 못한다고 했다. 또, 아버지가 징집되어 집안이 힘들어지자 그의 어머니는 아버지의 새 양복을 팔아 옥수수를 샀다. 그런데 집에 식량이 있다는 사실을 안 동네 배고픈 아이들이 우루루 집에 찾아왔고, 어머니는 한참을 고민하다가 결국 아이들에게 먹을 것을 나눠줬다.

이렇게 어릴 적부터 대기근과 전쟁을 겪으며 어렵게 살아온 그는 초등학교를 졸업하자마자 집단 농장에서 노동을 해야 했다. 하지만 어머니의 따뜻한 보살핌과 나눔을 보고 자란 덕에 이것이 그의 인생관이 되었다. 그는 이념이나 말보다 배고픈 인민을 구제하고 인민의 삶을 향상시키는 것, 인명을 소중히 하는 것이 제일 중요하다는 신념을 갖게 된 것이다.

이 때문에 고르바초프는 일찍이 정치에 입문했으며, 특히 대학 졸업 직후인 1956년, 흐루시초프의 연설을 듣고 개혁에 공감해 공개적으로 절대 지지를 선언하며 자신의 앞으로 갈 방향을 명확히 다졌다. 하지만 이는 위험한 행동이기도 했다. 서기장에 취임한 흐루시초프는 스탈린의 악행을 알리고 대숙청 시기 스탈린에게 피해를 입은 이들의 사면복권 작업을 시작했다. 하지만 이는 지금까지 세뇌당한 대중과 수구 보수층에게 큰 혼란을 주었고, 결국 반발을 불러왔다. 또한 서방과의 평화 공존 분위기를 이끌고 국민에게 자유를 부여하며 재래식 군을 축소한다는 결정은 기득권층과 군부의 반발까지 초래했다. 결국 흐루시초프의 급진적 개혁은 실패했고, 그 자신도 머지않아 밀려났다. 하지만 이것은 고르바초프에게 큰 영향을 주었으며, 흐루시초프는 고르바초프의 정신적 지도자가 되었다. 그리고 고르바초프는 흐루시초프의 개혁을 자기 대에 성공시켰다.

새로운 세상

1985년, 제7대 서기장에 당선된 고르바초프는 그동안 그가 구상해 온 개혁, 개방 정책을 과감히 실시한다. 표면적으로는 아직 소련이 미국과 함께 세계를 좌우하는 제2의 강대국이었지만, 사실은 경제 상황과 구조적 한계가 다했음을 고르바초프는 직감했다. 소련의 정치 사회적인 모순은 썩은 냄새를 풍기고 있었다. 모순이 사회 전반에 번져 곪아 터지기 직전의 상황이라는 것을 그는 이미 깨달았던 것이다.

1986년 4월, 우크라이나 체르노빌에서 원전 폭발 사고가 터진다. 가동을 시작한 지 몇 년 되지 않은 신규 발전소였지만 어이없는 작은 실수와 사고로 사상 최대의 참사가 일어났다. 이 참사로 수십만 명이 피해를 입었고, 가까스로 진압되긴 했지만 소련 전체가 흔들거렸다. 많은 역사학자들이 이때의 사고가 구소련 몰락의 시작이라고 본다.

이후 고르바초프는 주위의 강한 반대에도 불구하고 개혁과 개방 정책을 뚝심 있게 밀고 나간다. 1988년에는 아프가니스탄에서 소련군을 철군시키고, 기득권층과 북한의 강한 반대를 뒤로 하고 서울 올림픽에 참여해 미국과 경기장에 나란히 선다. 이는 그전까지 서로 보이콧을 하던 분위기에서는 쉽지 않은 결정이었다. 그리고 곧 한국을 비롯한 기존의 여러 대립국과 수교하며 평화 분위기를 조성한다. 무엇보다 대단한 것은 직후에 일어난 동·서독 통일과 동유럽 국가의 사회주의 몰락, 그리고 소련 연방 분립을 막지 않고 조용히 묵인한 것이다.

강력한 군사력과 힘을 가진 대국 소비에트 연방이 이렇게 평화적으로 조용히 해체된 것은 인류 역사적으로 정말 다행인 일이었고, 사실 의외기도 했다. 아무리 소련의 힘이 다했다고는 하지만, 만약 그 당시 고르바초프가 아닌 다른 사람이 소련을 통치했다면 역사는 달라졌을 지도 모른다. 시대의 흐름상 구소련 연방의 붕괴가 필연이었을지라도 큰 혼란과 대규모 유혈 사태가 따랐을 수도 있었다. 결국 고르바초프 의 인민을 위한 선한 마음과 신념이 세상을 구한 것이다. 그리고 이 덕 분에 우크라이나도 1991년, 역사상 첫 독립을 할 수 있었다.

소련은 레닌이 기반을 잡고 스탈린이 완성했다. 그 과정에서 스탈 린은 수천만 명의 사람을 숙청하고 학살하며 소련을 피로 물들였다. 심지어 1932년 대기근 참사를 일으켜 우크라이나인의 씨를 말리려고 까지 했다. 하지만 역사는 돌고 돈다. 하늘은 받은 만큼 돌려준다.

스탈린은 사후 흐루시초프라는 우크라이나 출신 서기장에 의해 각 하되고 내동댕이쳐진다. 또한 그가 완성한 소련도 과거에 그가 말살 하려 했던 우크라이나의 원전 폭발 사고를 계기로 붕괴가 시작된다. 그리고 끝내 우크라이나계인 고르바초프에 의해 소련은 평화롭게 분 해되었다. 이것은 운명이었을까?

끝나지 않은 재난

1991년, 새로운 시대 분위기 속에서 소비에트 연방이 해체되자 우 크라이나도 독립을 이룰 수 있었다. 우크라이나 역사상 첫 통일 독립 국가였다. 50년대에 흐루시초프가 선물로 준 크림 반도도 우크라이나 영토로 편입되었다. 그 당시에는 누구도 상상하지 못한 일이 현실이 된 것이다.

더구나 크림 반도는 온갖 보물이 든 보물상자 같은 땅이었다. 냉전 시대, 크림 반도는 나토^{NATO}군과 대치하는 최일선이었기에 흑해 함대 해군기지에는 강력한 소련 함대와 공군기, 그리고 수많은 전차와 병력이 있었다. 그리고 핵전력이 감춰져 있었다. 당시 우크라이나와 크림 반도에는 무려 핵미사일 176기와 핵탄두 1800기가 배치되어 있었다. 이것은 새로운 강대국이 될 수도 있는 어마어마한 전력이었다.

하지만 이것은 신기루에 불과했고, 행운은 여기까지였다. 미국, 영국, 러시아 3개국은 이 신생국에게 큰 힘을 넘기는 것은 위험하다고 생각했다. 그래서 핵전력과 상당수 재래식 무기를 감축하는 대신 우크라이나의 안전 보장을 담보하는 부다페스트 조약을 체결한다.

이걸로 끝이 아니었다. 보물상자 안에서 환하게 빛나는 보물 밑에는 시한폭탄이 숨겨져 있었다. 크림 반도는 주민 상당수가 러시아 계이며, 언어도 러시아어를 사용한다. 무엇보다 러시아에서 우크라이나로 이전된 것도 따지고 보면 불법이었다. 또한 대평야 지대에서 농사를 주로 짓는 서부에 비해 동부와 크림 반도는 공업이 발달했고, 군사 시설이 밀집되어 있어 부유한 편이었다.

독립 후 20년간 잠재되어 있던 이런 갈등 요소는 21세기, 푸틴 등장 이후의 러시아가 급속히 발전하자 터져 나오기 시작했다. 우리도 익히 아는 2013년 말의 유로마이단 반정부 유혈 시위가 발생한 것이다. EU 가입 요구로 시작된 이 시위는 친러 성향을 가지고 있던 정부에게로 향했다. 대립은 점점 더 격렬해져 유혈 진압과 충돌로 이어졌다. 결국 대규모 사상자가 나고 수십만 명의 시위대가 결집하자 대통령은 러시아로 도망가 버렸다.

이를 계기로 우크라이나는 예상치 못한 대혼돈과 더 큰 유혈 충돌에 빠져든다. 친러 성향이 강한 크림 반도가 국민 투표로 우크라이나에게 독립 선언을 하고 러시아로 들어간 것이다. 설상가상으로 이를 지켜보던 우크라이나 동부 지역까지 분리 독립을 선언했고, 이를 허용하지 않는 우크라이나와 2014년 대규모 군사 충돌, 즉 내전이 일어난다. 물론 이 혼돈은 러시아 정부의 비밀스러운 군사지원 때문에 생긴 일이었다. 1932년 대기근의 아픔을 떠올린 우크라이나인들은 필사적이었고, 그만큼 전투는 더욱 격렬해졌다. 이 파편은 엉뚱한 곳으로도 튀었다. 2014년 여름, 우크라이나 상공을 지나던 말레이시아 여객기가 지대공 미사일에 격추당해 300명에 가까운 승객과 승무원이 사망한 것이다.

양측이 휴전한 적도 있었지만 얼마 못 가 어김없이 전투는 재개됐고, 국민들의 피해만 쌓여갔다. 현재도 양측은 휴전과 전투를 반복하며 점점더 피폐해져 가고 있다. 아울러 이곳을 중심으로 러시아와 서방측의 군사력이 집중되면서 지금 현재 우크라이나는 전세계에서 제일 위험한 화약고가 되었다. 미국과 EU는 러시아의 우크라이나 군사개입에 강하게 경고하고 있으며, 지금이 냉전 이후 제일 위험한 시기라는 평가를 내렸다.

결국 1932~1933년의 참상의 기억이 지금까지 우크라이나에, 세계에 영향을 미치고 있는 것이다.

한국의 근대 기근

조선 말 기근

조선에는 17세기의 극심한 기후 변화 때문에 수백만 명이 아사하는 대기근이 발생했다. 하지만 아이러니하게도 이를 계기로 이앙법과 대동법, 화폐가 널리 보급되어 백성들의 삶이 전보다 좀 더 나아질 수 있었다. 하지만 대다수 농민들의 삶은 여전히 배고프고 고단했다. 과도한 세금징수와 수탈 때문에 흰 쌀밥을 배부르게 먹는 것도 명절이나 제사 같은 특별한 날에나 겨우 가능했다.

'삼정의 문란'이라고 널리 알려진 피해는 현재 우리가 상상하는 것 이상으로 공포스러운 것이었다. 삼정은 전정田政, 군정軍政, 환정還政을 일컫는다. 세금과 군역은 지금과 마찬가지로 양민의 의무이자 국가 재정의 기본이었다. 하지만 당시에는 이 두 의무가 국민 구성원의 상당수인 양반과 노비를 제외한 양민에게만 부여되어 지금보다 훨씬 더 큰 부담으로 다가왔다. 하지만 백성을 제일 힘들게 하고 열심히 일해도 가난에서 벗어나지 못하게 한 것은 바로 환곡이었다. 삼정 중에서도 환정, 즉 환곡의 피해가 가장 컸으며, 그만큼 백성의 원망은 하늘을 찔렀다.

사실 환곡은 상당히 좋은 의도로 시작된 것이었다. 이론적으로 환곡은 봄 춘궁기에 백성에게 쌀을 빌려주고 가을 추수가 끝나면 싼 이자만 붙여 되돌려 받는 아주 이상적인 빈민 구휼 제도다. 그러나 중앙 정부의 지원이 거의 없던 지방 관청이 이를 주요 재원으로 활용하면서 변질되어 합법적 양민 수탈제도로 탈바꿈한다. 짚이나 모래, 흙, 부스러기 쌀 등이 섞인 저가의 저질 쌀을 빌려주고 받을 때는 양질의 쌀을 받는 것이다. 저울을 속이는 일도 비일비재했으며, 농사가 잘되어 굳이 구휼 쌀이 필요없는 양민을 닥달하여 억지로 빌려가게 하는 일도 흔했다. 그렇게 억지로 받아온 환곡은 1년 이자율이 20~40퍼센트였으며 큰 재난이 들거나 기근이 닥치면 연 50~100퍼센트가 되기도 했다. 이 이자는 고을 수령과 아전의 부정부패가 심할수록 더 높았다.

세금과 군역의 부담이 심한 가운데 환곡은 백성들의 등골을 휘게 했다. 부정부패의 온상으로 백성들의 원성이 하늘을 찔렀고, 연암 박지원 등 수많은 학자들이 문제를 제기했다. 조선 후기의 실학자 정약용은 하늘 아래 환곡처럼 나쁜 것은 없다며 개탄할 정도였다.

조선 말기가 되면서 지방관과 향리의 매관매직, 부정부패가 심해져 삼정으로 인한 백성들의 고통과 피해는 커져만 갔다. 결국 조선 말기는 삼정의 문란으로 잦은 난리와 민중봉기가 나라를 뒤흔든 혼돈의 시대가 되었다. 1811년 홍경래의 난, 1862년 임술농민항쟁, 1863년 진주민란 등이 대표적이다.

이렇게 먹고 살기 힘들다며 일어난 농민의 난은 정부군의 잔혹한 토벌과 남녀노소 가리지 않은 학살로 잔혹하게 진압되었다. 그러나 이런 시대 분위기는 결국 1894년 동학농민운동으로 연결되고 만다.

1876년 조선 개항 이후, 조선 조정과 왕실은 일본을 통해 갖가지 신식 물품과 사치품, 소총과 기관총 같은 신식 무기를 수입하는 데 맛을 들였다. 하지만 마땅한 대체 수출품이 없었고, 금은의 보유량도 적었다. 그러자 그 대금을 쌀로 치르면서 백성들의 굶주림과 기근은 더 심해졌다. 이렇게 일본으로 유출되는 쌀은 매년 급증해 1891년에는 90만 석이 넘었다. 이는 당시 조선 쌀 생산량의 30퍼센트나 되는 엄청난 양이었으니, 당연히 국내에는 쌀이 부족해지고 값이 폭등할 수밖에 없었다.

쌀값이 폭등하고 전국에서 원망의 소리가 높아지자 당황한 조선 조정은 1884년 쌀 수출을 금지하는 방곡령防穀令을 내린다. 그러나 일본의 항의로 쌀 수출을 재개하며, 방곡령과 해제를 계속 반복한다. 이런 상황에서 탐관오리의 폭정과 삼정의 문란까지 겹치자 백성의 고통과 불만은 이루 말할 수 없이 커졌다. 결국 군대의 군량마저 끊기자 1882년에 임오군란이 일어나고, 1894년에는 동학 농민운동의 불이 붙고, 이를 구실로 일본, 중국이 조선에 들어와 격동의 한국사가 펼쳐진다.

근대 한국의 기근

일본의 쌀 수탈은 일제 치하에서 본격화된다. 조선은 대륙 정복을 위한 발판이자 일본의 안정적인 쌀공급 기지일 뿐이었다. 일본은 쌀을 더 많이 공급받으려고 동양에서 제일 큰 비료공장을 북한 흥남에 세웠다.

1932년, 일제의 중국 침략이 가속화되고 이어 미국과 태평양 전쟁을 벌이면서 쌀 수탈은 살인적인 수준으로 높아졌다. 전쟁이 한참 때인 1943년에는 1264만 섬을 공출해갔다는 기록이 있는데, 이는 당시 쌀 생산량의 68퍼센트다. 심지어 소학교의 어린 학생들을 동원해 가마니 짜기를 시킬 정도였다. 이렇게 조선에서 생산되는 쌀을 거의 대부분 수탈해가며 일제가 대신 먹으라고 던져준 것은 잡곡과 감자였다. 당연히 대부분의 조선인은 심각하게 굶주릴 수밖에 없었다.

해방이 되어서도 사정은 나아지지 않았다. 오히려 더 심해졌다. 종전이 된 1945년, 해를 넘기고도 당시 한반도에는 미처 일본으로 돌아가지 못한 일본인이 100만 명 이상 남아 있었다. 소이탄과 원폭으로 일본 본토 대부분이 불바다가 되고 폐허가 된 마당에 수송할 선박마저 미군의 잠수함 공격으로 대부분 침몰되어 없는 탓이었다. 더구나 이미 일제 강점기는 35년을 넘기고 있었고, 한반도에서 태어나 살던 일본인에게는 이곳이 고향이었다. 젊은 층은 일본으로 돌아가야 한다는 것 자체를 이해하지 못하기도 했다.

설상가상으로 해외로 끌려간 동포들이 빠르게 귀국하면서 인구가 폭증하고 있었다. 1946년의 남한 인구는 1936만 명으로, 전년에 비해 무려 280만 명이나 더 늘어난 엄청난 수치다. 당연히 인구의 급속한 증가는 쌀 부족을 부르고 연달아 쌀 값 폭등을 불러왔다. 쌀을 공출하던 일제가 사라지자 지주는 쌀을 감췄고, 상인들은 매점매석해서 쌀값은 하루가 다르게 뛰어 1년 뒤 춘궁기에는 열 배까지 오르기도 했다. 당시 교사나 평범한 직장인은 한 달 월급을 받아도 쌀 한 석 사기가 힘들었다.

맨손으로 귀국한 이들과 실업자에게 이 당시는 공포의 나날이었다. 이들은 바싹 마른 몸에 남루한 옷을 걸치고 기운이 없어 누워버린 아이들까지 옆에 데리고 나와 중앙청과 서울 시청에 몰려가 밥을 달라고 외치며 매일같이 항의 시위를 하였다. 이 시위대는 곧 노동자와 주부까지 동참하며 급격히 수가 늘어난다. 해방의 기쁨도 잠시, 쌀 값과 물가 폭등으로 전국에서 시위가 이어지며 나라 분위기는 흉흉해졌다. 시위대와 군중에게 경찰은 폭력을 쓰고 발포를 해 부상자가 나오기 시작했다. 미 군정도 별다른 대책을 내놓지 못한 채 당황만 할 뿐이었다.

결국 1946년 9월, 국민의 분노는 전국적인 총파업으로 이어진다. 서울과 부산의 철도 노동자들이 쌀을 달라며 파업에 돌입한 것이다. 이 소식을 실시간으로 전해 들은 대구 전화 교환국 교환원들도 교환실을 나와 파업에 동참한다. 신탁통치 찬반 투표와 좌익 세력의 활동으로 정국이 어수선하고 흉흉한 가운데, 배고픈 국민의 격렬한 시위와 파업은 정부를 긴장시켰다. 도시 여기저기서 쌀을 주는 정부를 밀자는 대자보가 나붙고, 선동꾼들의 외침이 커졌다. 결국 겁을 먹고 당황한 정부는 무리한 대응을 하고 만다. 이것이 1946년 대구 10 · 1 유혈사태로, 수백 명의 사상자를 내며 우리나라의 흑역사로 남았다.

3년간의 6·25 전쟁이 끝나고 새 정권이 들어선 60년대에도 쌀이 부족해 기근이 일상이었다. 해방 전 북한의 함흥비료공장에서 오던 수십만 톤의 비료가 끊기고, 긴 전쟁으로 농지와 수리 시설이 황폐화 되었기 때문이었다. 1963년, 새해에는 한 가마에 2000원도 안 되던 쌀 값이 반년 후 춘궁기가 되자 5000원까지 두 배 이상 치솟았다. "월급으로는 가족이 먹을 쌀도 못 산다", "배고파 죽겠다"라는 항의의 목소리가 드높아졌다.

1962년 6월에 실시된 두 번째 화폐 개혁 때문에 경제가 뒤흔들리고 물가가 빠르게 상승했는데, 이것의 영향이 여전히 서민들의 경제를 위협하고 있었다. 군사 쿠데타로 정권을 잡은 박정희 군정에게 이는 아주 심각한 사안이었다. 광복 이후 국민의 배고픔과 굶주림이 시위와 혁명의 도화선이 된 것을 잘 보아왔기 때문에 자신들의 명운이 걸린 중대사라고 생각한 것이다.

설상가상으로 이해 6월 초대형 태풍 설리가 한반도 남부를 강타하며 큰 피해를 입힌다. 전국적인 폭우로 186명의 사망자와 6만 2000여 명의 이재민이 생겼다. 특히 경남 거제도에는 500밀리리터의 기록적인 폭우가 쏟아졌는데, 이 때문에 장승포 거제고등학교 부근 야산이 순식간에 붕괴되면서 인근 주민과 경찰 70여 명이 한꺼번에 생매장되는 비극이 벌어졌다(현재까지도 매년 합동제사를 지낸다).

만성적인 식량난 속에 태풍 피해까지 겹쳐 남부에 수많은 이재민이 발생했지만 정부의 지원은 거의 없었다. 온천지가 물에 잠기고 집이 붕괴된 이들은 인근 국민학교로 들어갔지만, 굶주리다 못해 영양실조에 걸려 얼굴이 새까맣게 되고 전염병에 걸려 고통스러워 했다. 이들은 기자만 보면 "아무 거라도 좋으니 제발 먹을 것을 보내달라. 아이들이 굶고 있다"며 매달리고 눈물로 호소했다.

태풍 피해와 기근이라는 뒤숭숭한 정국 상황에서 1963년, 대통령 선거가 다가왔다. 하지만 배고픈 국민들을 달래주지 않는다면 분노한 국민의 선택은 뻔했고, 이에 긴장한 박정희 정권은 비장의 카드를 꺼내든다. 캐나다와 호주산 밀가루 21만 5천 톤을 긴급 수입한 것이다. 정부는 수재민 구호용이라는 명분으로 이 밀가루를 태풍으로 초토화된 남부 지방의 수재민과 도시 서민에게 무상으로 배포했다. 사실상 선거 운동의 일환이었다. 덕분에 이해 대통령 선거에서 박정희는 15만 표의 근소한 차이로 대통령에 당선될 수 있었다. 특히 열세로 예측되던 호남에서 상대보다 35만 표나 더 얻었다. 쏟아부은 밀가루 덕이었다. 이 때문에 박정희는 이후 밀가루 대통령이라는 비아냥을 듣는다.

힘들게 당선이 된 박정희 대통령은 무엇보다 국민을 배불리 먹이는 것을 최우선 목표로 삼았다. 하지만 60년대 내내 흉년은 반복됐고, 봄마다 쌀 값이 폭등했으며, 보릿고개와 굶주림은 여전했다. 이 때문에 고급 식당에서도 쌀만으로 된 밥을 팔지 못하게 하고 보리나 밀 같은 잡곡을 25퍼센트 이상 혼합하도록 법으로 강제하기도 했다. 아울러 쌀로 만드는 전통주와 막걸리의 제조를 강력하게 금하고 단속하여 전통주의 맥이 거의 끊기기에 이른다. 잔치에 쓰이는 떡조차 잡곡을 3할 이상 섞도록 할 정도였다.

국민들의 배고픔은 70년대에 들어서도 별로 나아지지 않았다. 이 시기에 학교를 다닌 세대는 학교에서 나눠준 밀가루 죽과 빵, 수제비, 그리고 점심식사 전의 도시락 검사를 잊을 수 없을 것이다. 쌀밥을 배불리 먹어보는 것이 소원이라는, 고대적부터 내려오던 바람은 불과 수십 년 전까지 존재했다. 지금은 전혀 상상할 수도 없는 일이지만 말이다.

처음으로 우리 한민족의 식량 문제가 해결된 것은 1976년이다. 쌀 수확량이 3621만 석을 넘으며 쌀자급에 처음으로 성공한 것이다. 정부는 국가와 정권의 명운을 걸고 과학자들에게 쌀생산 증산법 연구를 독려했고, 통일벼 같은 다수확 신품종 벼가 만들어졌다. 국민들이 먹을 쌀이 부족해 매년 미국에서 수십만 톤에서 수백만 톤까지 수입하던 것에 비하면 기적이나 다름없었다.

쌀 자급에 성공했지만, 이후 몇 년간은 가뭄과 이상 기온으로 식량생산이 안정적이지 못 했다. 특히 1980년에는 유래없는 이상 저온이 전국을 휩쓸어 대흉년이 들었다. 평년작 3800만 섬에 비해 무려 3분의 1인 1300만 섬이 모자란, 국가적 비상사태였다. 공교롭게도 당시는 전두환 정권이 쿠데타로 정권을 잡고 5·18 광주 민주화운동이 일어나 뒤숭숭한 시국이었다.

1980년의 극심한 정치적 혼란 속에서 민생안정이 최우선 목표였던 정부는 부족분 225만톤의 쌀을 급히 외국에서 사와야 했다. 하지만 앞에서도 말했듯이 톤당 500달러라는 바가지를 쓰고 만다.

1980년대에 들어서면서 드디어 배고픔과 기근, 보릿고개라는 말이

자취를 감췄다. 먹을 것이 풍족해지면서 굶주림이란 말은 아예 잊혀지고, 뉴스에서만 듣는 참으로 낯선 느낌의 단어로만 남았다. 2010년 한국인의 평균 키는 남자 174센티미터, 여자 160.5센티미터로(지식경제부 기술표준원), 우리 조상들의 키보다 평균 10센티미터 이상 커졌다. 또한 평균 수명도 약 78세로 1940년대 45세에 비해 30년 이상을 더 살게 되었다. 식량 증산 혁명 덕에 우리 한민족도 새로운 역사의 시작을 함께 하게 된 것이다.

1995 북한 고난의 행군

불과 20년 전에 한반도에서 대기근이 일어났다는 것을 사람들은 얼마나 알고 있을까. 더구나 아프리카도 아니고 100만~200만 명가량의 엄청난 수의 한민족이 굶어죽었다는 것을 과연 믿을 수나 있을까.

1995년부터 3년간 북한에서 일어난 대기근, 일명 '고난의 행군'이라는 대재앙 이야기를 할 차례다.

북한은1970년대까지만 해도 의외로 경제 사정이 꽤 괜찮은 편이었다. 일제 시대 때 건설된 발전소와 비료 공장 등 주요 공업 시설이 남겨져 있었기 때문이다. 또한 소련이 계획 경제 정책으로 짧은 시간에 농업 국가에서 산업 국가로 변환한 것을 모방해 계획 경제를 따라한 덕이기도 했다. 집단 농장화와 경공업 포기로 삶의 질은 낮았지만 대신 공업 수준은 급격히 상승했고, 식량 사정도 괜찮았다. 당시 북한과 남한 국민의 삶의 질 수준은 별로 차이가 없을 정도여서 북한은 이를 체제 선전으로 종종 활용했다.

실제 북한이 남한을 대규모로 지원한 적도 있다. 1983년 경기 남부에 대홍수가 났을 때 이재민 구호용으로 많은 쌀과 옷감 등을 보내준 것이다. 이는 내가 직접 경험한 바이기도 한데, 그때 집 근처 제방이 넘쳐서 다니던 초등학교와 살던 동네가 물에 잠기고 많은 수재민이 생겼었다. 심지어 반 친구 몇 명도 집에 물이 차서 큰 피해를 입었는데, 알고보니 이 친구들도 북한에서 지원해준 쌀과 구호 물자를 받았다. 친구들이 북한에서 온 쌀로 밥을 하니 밥알이 엄청 굵고 맛이 없다며 투덜거리던 것이 지금도 생각난다. 이처럼 80년대 초까지만 해도 북한은 그럭저럭 잘 먹고 살았다.

공산권 붕괴의 여파

고르바초프의 개혁, 개방 정책으로 시작된 공산권 붕괴의 여파는 북한에도 영향을 미친다. 1991년 소련이 붕괴하면서 공산권이 대혼란에 접어들자 모든 지원이 갑자기 끊긴 것이다. 동구권 사회주의 형제 국가들이 순식간에 도미노처럼 붕괴되어 버리고 심지어 소련마저 거의 해체되어 가는 이 상황은 북한에게 엄청난 충격을 주었다. 이제껏 의지하던 버팀목들이 사라져 버렸기 때문이다. 이제 북한은 세계에서 몇 남지 않은 공산 독재 국가가 되어 국제적 고립에 처했고, 앞서 무너진 다른 동구권 공산국가처럼 몰락의 길만 남은 듯했다. 이에 북한

이 외친 것은 자력 갱생이었다. 필요한 모든 것을 남에게 의지하지 않고 스스로 자족하며 해결해 외세의 힘에 굴하지 않는 것이 북한의 목표였는데, 결국 폐쇄 경제 노선을 탄 것이다. 멋진 선동 구호이긴 하지만, 자원과 돈, 기술이 뒤떨어지는 상태에서 자력 갱생이라는 폐쇄 경제 시스템은 불가능한 것이었다. 더구나 이미 테러 지원 국가로 전 세계로부터 각종 제재를 받는 상태였으므로, 결국 이는 몇 년 뒤 대기근의 원인이 된다.

북한은 외부의 에너지와 식량, 자원 지원이 끊기자 자력 갱생이라는 구호 아래 주민을 더욱 착취하며 산업 가동율을 최대한 올려보려 했지만 효과는커녕 부작용만 나타나기 시작했다. 북한 시스템은 이미 한계에 달해 있던 것이다.

국가 발전의 큰 축을 담당하던 수력 발전소가 노후됐지만 부품 교체를 제대로 할 수 없어서 전력 생산이 불안정해졌다. 이는 곧 전 산업 가동률 저하를 의미했다. 하지만 더 결정적인 문제는 물동량의 상당수를 차지하던 산업 전철의 운행이 불안해진 것이었다. 잦은 단전으로 열차는 수시로 멈춰 섰고, 다시 출발하려면 몇 시간, 혹은 며칠이 걸리기도 했다. 수송 체계가 흔들리면서 물류난으로 경제 침체는 더욱 가속화되었다. 이것은 또 다른 도미노를 쓰러뜨린다. 비료 생산량의 감소다.

척박한 한반도, 그것도 산악 지대가 많은 북한은 지력을 많이 쓰는 작물인 옥수수를 주식으로 삼았다. 산간에도 빽빽하게 모종을 심고 인력을 최대한 투입하는 주체 농법으로 일시적인 식량 증산은 가능했지만 결코 장기적일 수는 없었다. 지력 고갈이 심해 많은 화학 비료가 필요해진 것이다.

제때에 화학 비료를 공급하지 않으면 식량 생산량이 눈에 띄게 줄어든다. 이 때문에 북한이 항상 대북 지원품에 화학비료를 많이 요구하는 것이다. 비료 공장마저 노후해서 잦은 고장을 보이자 비료 생산이 급락했다.

만성적이고 심각한 에너지 난은 대부분의 산을 민둥산으로 만들었다. 마을 근처의 많은 야산이 땔나무 채취로 벌거숭이가 된 뒤 밭으로 변해버렸다. 이 때문에 비가 조금이라도 오면 순식간에 흙이 쓸려내려가면서 물난리나 산사태가 일어났다. 게다가 저수지와 수로, 사방댐, 펌프 같은 물 관리 기반 장치가 부족해 피해는 더욱 더 늘어나기만 했다. 산에서 쓸려내려온 토사는 강과 하천 바닥을 높였고, 그 뒤로는 바닥이 높아진 강물이 수시로 범람해 하천 주변 마을과 경작지의 홍수 피해가 더 커졌다.

이것이 작은 충격도 이겨내지 못하고 자연 재해가 되풀이되는 근본 원인이다. 북한은 1993년 냉해로 인한 흉작, 그리고 94년의 기록적인 무더위와 수해로 최악의 대흉작을 겪는다. 홍수가 직접적인 원인이긴 했지만, 따지고 보면 그 이전부터 쌓여온 경제 제재로 인한 유류난, 운송난, 비료 생산 감소가 불러온 대형 참사였던 것이다.

고난의 행군

1995년, 홍수 등 연이은 자연 재해로 쌀 생산량이 200만 톤대로 떨어지면서 최악의 대기근이 시작된다. 쌀 이외에 옥수수나 감자 같은 잡곡을 포함해도 총 생산량이 340만 톤에 불과했는데, 평상시 필요량인 520만 톤에 턱없이 모자라는 심각한 상황이었다.

정상적인 국가라면 식량이 모자를 때 외부 지원을 받거나 식량을 수입하면 되지만, 이때의 북한은 그것조차 여의치 않았다. 공산권이 붕괴되면서 에너지 난에 처한 북한은 핵 에너지 개발에 집중했고, 1993년 3월 핵확산 금지 조약NPT를 탈퇴하면서 한반도에 전후 최대의 위기가 찾아왔다. 1994년, 미국은 북한 영변 원자력 시설을 폭격하는 것을 심각하게 고려했다. 하지만 전쟁이 발발하면 남한도 상상을 초월하는 피해를 입는다는 예측이 나와 결단을 앞두고 논란이 분분했다. 남한 측의 피해만 따졌을 때 개전 하루만에 150만 명, 1주일만에

500만 명이라는 어마어마한 사상자가 발생한다는 예측이었다.

정국은 종전 이후 최악의 상황으로 치달아 전쟁 분위기가 고조됐지만 1994년 6월 북한이 핵 사찰을 수용하며 극적으로 해결되었다. 하지만 얼마 뒤 협상을 주도하던 김일성이 갑자기 사망하면서 다시금 정국은 일촉즉발의 상황이 되었다. 이러한 남북의 첨예한 대치는 이후 큰 재난에서 외부 지원을 막는 걸림돌이 된다.

북한의 경제가 붕괴되고 대흉년이 들면서 기록적인 대재앙의 막이 올랐다. 복잡한 정세 속에 외부 지원까지 끊기면서 북한의 일일 식량 배급량은 600그램에서 200그램으로 줄었다. 하루에 한 끼만 겨우 먹을 수 있는 수준이었다. 물론 이도 평균 수치일뿐, 실제로는 더 적은 양이었을 것으로 보인다.

상황은 권력의 외곽부터 극도로 나빠져갔다. 수송난과 에너지난으로 배급 자체가 불안해지자 시골이나 힘없는 주민의 배급이 밀리거나 끊기기가 다반사였다. 결국 배급제도 붕괴되어 굶주린 주민 중 아사자가 속출하기 시작했다. 평생을 식량 배급으로 살아온 주민들에게 어느 곳에서도 식량을 주지 않는다는 것은 큰 충격이자 치명타로 작용했다. 해안가에 살던 사람들은 물고기나 조개, 해초를 먹으며 목숨을 연명하고, 내륙 지역 사람들은 조상들처럼 솔잎이나 나무 뿌리, 껍질을 먹어야 했다. 탈북자들의 증언에 따르면 소나무 껍질에 약간의 곡물을 넣어 만든 송피죽과 송기떡을 만들어 아이들에게 먹였으며, 옥수수대 뿌리와 개구리 알까지 먹었다고 한다. 아이들이 배가 고프다고 울면 엄마들은 수확이 끝난 들판에 나가 한참 동안 땅 속을 훑어 남아 있는 썩은 감자를 캤다. 이런 감자도 햇볕에 말려 가루를 내면 먹을 수 있었기 때문이다. 하지만 고구마가 썩으면 써서 먹을 수 없었다고 한다. 이렇게 썩은 감자 껍질로 만든 까리죽을 먹다 이마저도 없으면 벽지를 떼어 그 안 쪽에 붙은 풀을 핥아 먹었다. 그 이후에도 더 이상 먹을 것이 없으면 그저 굶어죽을 뿐이었다.

사라지는 사람들

북한에서는 과거에도 식량난으로 사람들이 떼죽음을 당하거나 사라지는 일이 종종 있었지만, 90년대 중반 사상 최대의 대기근 때는 정말로 믿기 힘든 끔찍한 괴소문이 지속적으로 들리기 시작했다. 바로 식인이다. 거리에 굶어죽은 부랑자나 꽃제비의 시신이 밤중에 사라지거나 잘려서 훼손되는 일이 나타난 것이다. 밤에 귀가하던 여자가 실종되는 일도 늘어나기 시작했다. 사람들은 굶주리는 가운데서도 불안에 떨며 이중으로 생존을 걱정하는 처지에 몰렸다.

이 때문에 북한 주민 사이에서는 시장에서 파는 고깃국을 피하고, 여자와 아이들에게 밤에 혼자 다니지 말라는 야단의 소리가 높았다. 또한 인육을 먹은 혐의로 어디서 몇 명이 체포됐다는 소문이 꾸준히 돌고, 해외 언론에도 간간히 보도되기 시작했다.

이 고난의 행군 기간 동안 발생한 아사자 수는 지금도 여전히 논란이 크다. 폐쇄적인 북한의 특수한 상황 때문이다. 북한은 공식적으로 아사자 수가 수십만 명 규모라고 하지만 해외 정보 기관이나 언론, 탈북자들은 100만~ 200만 명의 주민이 굶어 죽었을 것으로 추정하고 있다. 전국민의 5퍼센트 이상이 굶주림으로 사라진 것이다.

당시 한국은 IMF 전이었다. 단군이래 처음으로 경제 호황이 가져온 풍요로움에 들뜨고 먹을 것이 넘쳤다. 그런데 휴전선을 사이에 두고는 북한 주민 2400만 명 대부분이 지독하게 굶주리고, 심지어 사랑하는 아이들이 굶주리다 죽는 것을 경험하는, 믿기 힘든 시기였던 것이다.

대기근이 바꾼 북한

3년간의 고난의 행군은 끝났지만 기근은 여전히 지속되었고, 북한 사회에 엄청난 충격을 주었다. 그전까지만 해도 북한 주민의 키나 체격은 나름 괜찮은 편이었는데, 고난의 행군 때 성장기를 보낸 사람들은 지금도 유난히 키가 작다. 현재 20대를 전후한 젊은이 중에는 키가 150센티미터도 되지 않는 사람들이 많다. 언젠가 판문점의 공동경비구역에서 한국군과 북한군, 미군이 함께 한 사진이 인터넷에 올라와 많은 이들의 실소를 자아낸 적이 있다. 사진의 북한군이 키와 체격이 너무나 작아 아이 같은 모습에 가까웠던 것이다. 이들은 어렸을 때 겪은 지독한 영양 결핍 때문에 키와 체격이 작고 왜소해졌을 뿐만 아니라 갖가지 병을 앓거나 장애가 생기는 등 평생을 괴롭게 살아간다고 한다. 이 때문에 이때부터 북한군 입영 신장 기준이 대폭 낮아졌다.

또 이때부터 수많은 사람들이 죽음을 무릅쓰고 압록강을 건너 중국으로 탈북하기 시작한다. 처음엔 굶주림에 지쳐 먹을 것을 구하려고 강을 건너 중국으로 탈북을 감행하였고, 그 수가 급증하자 사람들은 미얀마 등 동남아 일대로까지 목숨을 건 고난의 행군을 한다.

물론 전에도 소수의 탈북자가 있었지만, 배고픔 때문에 북한에서 도망치는 대규모 탈북자의 행렬이 처음으로 나타난 것이다. 일반 주민은 물론 당 간부까지 탈북 행렬에 동참할 정도였으며, 이를 계기로 남한에 정착한 탈북자도 급증한다. 새터민이라고도 부르는 이들은 현재 상인으로 성공하거나 TV 전문패널로도 왕성하게 활동 중이다.

대규모의 기근은 결코 바뀔 것 같지 않던 폐쇄 국가의 사회 시스템도 바꿔놓았다. 배급에 전적으로 의존하던 사람들이 배고픔에 허덕이다 못해 시장에서 각자 알아서 식량을 구해 먹게 된 것이다. 그 전에는 시장을 자본주의 체제의 상징이라 여겨 제한하고 단속했다. 하지만 대규모 기근으로 주민들이 죽어나가자 북한 당국은 어쩔 수 없이 시장을 허용했다. 또한 북한 정권은 이때부터 주민의 사유재산을 일부 인정해주는데, 결과적으로 이것은 북한에서 시장경제가 싹트는 계기가 된다. 그리고 돈 버는 방법을 안 소수의 사람들이 계급화되어 나타난다. 신흥 자본가 세력, 즉 '돈주'가 새로운 지배 계급으로 등장한 것이다.

이 돈주들은 북한 내의 얼마 되지 않는 택시를 전세 내 자가용처럼 타고 다니고, 몇 개의 휴대폰을 갖고다니면서 사업을 더욱 확장했다. 전형적인 자본가의 모습이다. 이들은 중국과의 국경 무역을 독점해 자신의 자본과 세력을 키우며 주민 중 장사 밑천이나 뇌물 같은 돈을 필요로 하는 개인에게 고리의 돈을 빌려주고 이자를 챙기는 사금융 역할까지 하고 있다. 현재 이 새로운 계층의 힘은 당 간부나 군인조차 함부로 할 수 없을 정도로 커졌다. 사치품을 수입하거나 고리의 돈을 빌리며 공생, 혹은 눈치를 보는 관계로까지 상황이 달라진 것이다.

새로운 위기

1995년부터 몇 년간 진행된 고난의 행군은 수백만 아사자를 낳았다. 그리고 이는 곧 체제붕괴 위기로까지 발전하는데, 북한은 대남도발로 주민의 긴장을 높이고 관심을 돌려 이 위기를 타개하고자 했다. 1996년 강릉의 잠수함 무장공비 침투 사건이 그것이다. 그리고 비대칭 전략무기 개발에도 박차를 가해 1998년, 최대 사정거리 2500킬로미터의 대포동 1호 로켓을 발사한다. 대규모 기근으로 힘든 상황에서도 감행한 신형 장거리 로켓 발사는 한국과 미국에게 큰 충격을 주었다. 거의 불가능한, 있을 수 없는 일이 일어난 것이다. 당시 로켓 제작과 발사에는 2~3억 달러의 비용이 든다고 했는데, 이는 쌀을 수십만 톤에서 100만 톤까지도 수입할 수 있는 엄청난 돈이었다. 결국 로켓 개발 욕망은 북한 주민의 대기근 피해를 더 키운 셈이다. 그리고 이듬해, 1999년에 연평도 부근에서도 도발을 감행해 연평해전이 터진다.

2015년, 사상최악의 가뭄이 한반도를 덮쳤다. 여름 직전까지 비다운 비가 거의 내리지 않자 소양강 댐마저 바닥을 드러냈고, 양수기를 동원해 어렵게 모내기를 한 것도 다 말라버렸다. 학계에서는 이를 100

년만의 대 가뭄이라고 하는데, 수리시설과 관정, 펌프가 부족한 북한의 상황은 더 심각했다. 심지어 1995년 전후 가뭄 때보다 더 심하며, 이듬해의 대량 식량부족 사태도 우려된다고 한다.

2015년 8월, 북한이 휴전선 일대에서 도발하며 양측이 포격을 주고받고 부상자가 발생하며 전운이 다시 한 번 고조되었다.

5장

생존의 시대, 미래

기후 변화와 메가 가뭄

2015년을 전후해 물부족과 가뭄으로 인류 문명이 거의 붕괴한 근미래를 다룬 영화가 대흥행하였다. 바로 〈인터스텔라〉와 〈매드 맥스〉다. 두 영화 모두 지구가 황폐화되어 살아남은 소수의 생존자들이 물과 식량 부족에 시달리며 생존하려고 애쓰는 내용이다.

이 영화들이 흥행을 이어가던 2015년 봄, 혹독한 가뭄을 겪던 미국 캘리포니아 주에서는 167년 만에 '강제 절수' 명령이 발동됐다. 미 서부 전체가 1200년 만에 닥친 최악의 가뭄에 시달리자 법으로 강제 절수를 하도록 지시한 것이다. 야외에서 물청소를 하거나 차를 세차하는 것, 공원의 잔디밭에 물주는 것 등이 금지되었으며 식당에서도 손님에게 물을 서빙할 때 물이 필요한지 꼭 물어보도록 했다. 심지어 도시 곳곳에 있는 공원과 학교에 있는 시 소유의 공공 잔디밭 자체를 아예 없애기로 했다. 이 때문에 축구장 1150개 규모의 잔디밭이 뜯겨져 나가고 인조 잔디로 교체되었다. 또한 물이 얼마남지 않은 댐과 저수지 위에는 과학자들이 만든 플라스틱 공 모양의 물 증발 방지 제품이 수십만 개 깔렸다.

지역 수도 요금이 오른 것은 물론, 일반 가정에서 물 소비량이 많을수록 요금을 추가로 올리는 '수도값 누진제'도 추진 중에 있다고 한다. 또한 주 정부는 행정 명령 발동 후 물 낭비를 감시하는 단속 체제도 만들었다. 일명 '워터캅water cop'이라고 부르는 LA 수도 전력국 소속 단속반원들이 순찰을 돌며 물 낭비를 적발하고 벌금을 부과한다. 또 시민들에게도 이웃의 야외 세차, 잔디 물주기 같은 물 낭비를 신고하면 포상금을 주는 시스템을 만들어 운영했는데, 효과가 아주 좋았다.

메가 가뭄 시대

2015년은 135년 관측사상 가장 더운 해가 될 것이라는 보도가 나왔다. 평균 기온은 매년 0.01도 정도 차이로 변동되는데, 2015년에는 전년보다 무려 열 배나 큰 폭인 0.1도가 높아졌다.

아울러 기상 관측이래 가장 강력한 엘니뇨가 시작될 것 같다는 경고까지 나와 우려를 더하고 있다. 세계기상기구WMO가 2015년 9월 태평양 동중부의 바다 수온이 평균보다 2도가량 급상승하며 엄청난 에너지가 쌓이기 시작해 앞으로 역대 가장 강력한 엘니뇨가 올 수 있다고 경고한 것이다.

엘니뇨는 적도 부근의 바닷물 온도가 평균 이상으로 상승하는 현상을 말한다. 엘니뇨가 발생하면 통상적으로 태평양 연안 국가에는 가뭄과 불볕 더위가, 다른 쪽에는 폭우와 홍수, 잦은 태풍이 나타난다. 시차를 두고 서로 바뀌기도 하는데, 결론적으로는 어느쪽이든 기상 이변이 나타난다.

같은 해 나사^{NASA}의 연구원이자 환경 과학자인 벤자민 쿡은 보고서에서 "지금부터 21세기 말까지 거의 매년 심각한 가뭄이 계속될 것"이라고 예측했다. 공동 연구자인 올트 교수도 미국 중서부 지역에 35년 이상의 메가 가뭄이 올 확률은 80퍼센트 이상이라고 예견했다.

앞으로 세계 식량 가격이 급상승할 것이라는 불길한 전망도 제기됐다. 영국 〈파이낸셜타임스〉는 2015년의 강력한 엘니뇨가 태평양 주변국의 가뭄과 홍수, 태풍 피해 같은 기상 이변을 유발해 흉작을 불러오고, 이 흉작 때문에 식량 가격이 뛸 것이라고 보도했다.

앞으로의 문제는 더 심각하다. 학계가 가뭄이 수십 년 이상 지속되는 '메가 가뭄' 시대가 올 것이라고 예측한 것이다. 현재 인구는 73억 명, 2050년이 되면 전 세계 인류는 100억 명에 다다른다. 인구 폭증에 장기간 가뭄이 지속되는 메가 가뭄 시대까지 겹치면 세계는 남은 물과 식량을 쟁탈하느라 더 혼란스러워질 것이다. 여기에 자원 고갈과 환경 오염까지 더해지니, 영화 〈매드 맥스〉와 〈인터스텔라〉의 시대가 실제로 찾아올지도 모른다.

현재 큰 가뭄을 겪고 있는 미국은 이미 예고된 어두운 미래에 대비하고 있다. 2014년 11월, 미 서부는 댐 건설과 폐수 정화 시설, 빗물 집

수 시설, 바닷물 담수화 장치 건설 등 물 확보에 예산 71억 2000만 달러를 승인했다.

2015년, 한반도도 100년 만의 대 가뭄을 겪고 있다. 소양강 댐을 비롯한 각지의 큰 댐의 저수율이 급격히 떨어져 발전이 중단됐고, 강바닥과 저수지는 거의 말라붙었다. 여름철 장마조차 예전에 비해 그 기간과 횟수가 줄어들고 강수량도 급감했다. 전년도 강우량의 절반도 내리지 않은 것이다. 이런 상황에서 우리는 어떤 대비책을 마련해야 하는가?

한반도 대 가뭄 시대

우리나라의 겨울 축제로는 '인제 빙어 축제'가 유명하다. 빙어 축제는 매년 1월 소양강 상류의 드넓은 빙판 위에서 펼쳐지며, 전국 각지에서 백만 명이 넘게 찾아오는 큰 축제다. 그런데 2014년 겨울, 1998년부터 이어져오던 빙어 축제가 16년 만에 취소되었다. 이해 유독 심했던 가뭄 때문에 평소에는 250미터에 달하던 강폭이 이해 겨울에는 20미터, 실개천 정도로 줄어든 탓이다.

소양강 상류가 바닥을 드러내자 하류의 소양강 댐에도 큰 위기가 닥쳤다. 가뭄은 2015년에도 계속 이어졌고. 국내 최대 규모인 소양강 댐의 담수량은 역대 최저 수준인 29억 톤으로 떨어졌다. 수위도 152미터까지 떨어지며 발전 중단 직전 상황에 처하고 만다.

전문가들은 여름 장마가 시작되면 수위가 회복될 것이라고 전망했지만, 이 역시 이상 기후로 차질이 발생했다. 여름에도 '마른 장마'가 와 유달리 비가 적었던 것이다. 한반도의 강수 특성상 여름철 강수량이 1년 전체 강수량의 60~70퍼센트를 차지한다. 여름에 모아둔 물로 이듬해 여름까지 버텨야 하기 때문에 여름 장마는 봄철 농사에 아주 중요한 역할을 한다. 따라서 가뭄과 마른 장마가 지속되면 생활의 불편은 물론, 최악의 흉년이 찾아올 수도 있다.

물론 그동안 우리가 구축해온 댐과 여러 수리 시설, 지하 관정 덕분에 한두 해 가뭄 정도는 견딜 수 있다. 문제는 2년 이상 지속되는 긴 가뭄에는 버티기 힘들다는 것이다. 그리고 2015년, 세계적으로도 수백 년 주기의 더위와 가뭄, 엘리뇨가 시작되어 메가 가뭄 시대가 시작했다.

이미 국내의 전문가들도 전부터 이것을 강하게 경고하고 있었다. 가뭄 연구로 유명한 부경대학교 변희룡 교수는 124년 주기의 대 가뭄 주기와 수십 년 주기의 소 가뭄 주기가 겹쳐 한반도에 메가 가뭄이 이미 시작됐다고 말한다. 그의 주장은 이렇다.

한반도 가뭄 주기

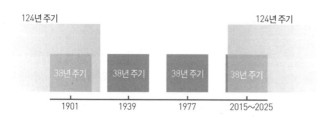

우리나라의 역대 가뭄 기록을 분석한 결과, 한반도에서 가뭄은 6년(평가뭄), 12년(중 가뭄), 38년(대 가뭄), 124년(극대 가뭄) 주기로 나타난다고 한다. 그런데 2015년부터 대 가뭄과 극대 가뭄의 주기가 겹치며, 이것이 2041년까지 진행된다는 것이다. 그는 2025년 전후가 대 가뭄의 정점이 될 것이며, 식량난과 북한의 급변 등 큰 위기가 닥칠 것이라고 경고했다. 그러면서 앞으로 닥쳐올 대재앙을 피해 살아남으려면 정부의 획기적인 대책이 필요하다고 했다. 이 주장은 몇 년 전부터 제기되어 온 것이며, 실제로 2014년 말부터 큰 가뭄이 일어나자 언론의 집중 조명을 받았다.

강원대 지질학과 우경식 교수 역시 한반도의 주기적 대 가뭄을 분석했다. 그는 삼척 관음굴 석순과 제주 용천굴의 석순 분석으로 중세 대 가뭄의 흔적을 수십 년 단위로 세세하게 밝혀냈다. 기록으로만 남아 있던 것을 과학적으로 확인한 것이다.

가뭄은 극적이거나 눈에 잘 띄지 않아 별로 주목을 받지 못했지만 인간에게 가장 무서운 자연재해 중 하나다. 광범위한 지역에 수개월에서 수년에 걸쳐 장기간 고통을 주고, 흉년과 기근을 불러온다. 그리고 더욱 심해지면 폭동과 혁명, 전쟁, 반란까지 가져온다.

앞서 본 여러 고대 왕조의 멸망은 물론, 현대 이스라엘의 중동 전쟁도 물 쟁탈 전쟁이다. 2006년~2011년 사이 시리아의 극심한 가뭄은 생활고로 이어졌고, 결국 폭동과 시리아 내전이 일어나 5년 째 국민끼리 죽고 죽이는 처참한 상황이 이어지고 있다. 결국 국민의 절반이 난민이 되어 시리아를 탈출하는 아비규환이 일어났고, 현재도 수십만 명

이 목숨을 걸고 지중해를 건너고 있다. 세 살짜리 어린 쿠루디의 죽음
이 세상을 흔들어 놓기도 했다. 또한 IS라는 상상도 못할 괴물을 만들
어냈다.

따라서 우리는 한반도의 가뭄을 미리 충분히 대비해야 한다. 가뭄
이 장기화되면 댐 발전 중단은 물론 지하수까지 고갈되어 큰 불편으로
이어질 것이다. 이것이 국가와 지자체가 최악의 가뭄 상황을 상정하
고 모든 대책을 사전에 강구해야 하는 이유다.

백두산 폭발

전혀 생각지 못하고 있는 자연 재해와 격변도 예상해야 한다. 바로
백두산 분화다. 미국 스미스소니언 연구소 자료에 따르면 백두산은
지난 4000년간 열 번에 걸쳐 폭발했다. 특히 서기 1000년경 세계적 대
폭발을 일으켰는데, 발해의 멸망이 이 폭발이 관계가 있다고 주장하
는 학자와 관련 연구도 많다. 이 폭발로 발생한 엄청난 양의 화산재와
연기가 멀리 일본 동북부까지 날아가 6센티미터가량의 재가 쌓이기도
했다. 이후 1413년, 1597년, 1668년, 1702년에 네 차례에 걸친 화산 폭
발이 있었다. 이때의 기록을 보면 검고 붉은 비와 재가 하늘에서 내렸
으며, 사람들은 피난을 갔다고 한다. 이는 중세 소빙기의 한 원인으로
지목되기도 한다.

최근, 백두산의 분화 가능성이 아주 높게 점쳐지고 있다. 2000년
대에 들어서며 산의 높이가 10센티미터나 높아졌고 진동이 급증했으

며, 천지의 수온이 상승하고 있다. 일본에서는 2032년 내로 백두산이 폭발할 가능성이 99퍼센트라는 연구 결과를 내놓기도 했다. 만약 진짜로 백두산이 폭발한다면 어떻게 될까? 국민 안전처의 연구용역 결과에 따르면, 화산이 천 년 전 규모로 폭발하고 북동풍이 불면 화산재는 48시간 안에 남한 전역을 덮칠 것이다. 강원도와 경북에는 화산재가 최고 10센티미터까지 쌓이고, 국내 모든 공항이 39시간 내로 폐쇄된다. 특히 농작물에 막대한 피해를 줄 것이라는 예측도 있는데, 그 규모가 4조5천억 원 수준이다. 그리고 농작물 피해를 포함한 직·간접적인 전체 피해 규모는 무려 11조2천억 원 수준으로 추산된다. 갑작스러운 기후 변화와 흉작으로 일시적인 대기근 사태가 일어날 수도 있을 정도의 피해액이다.

73억 인류의 시대

지금 지구에 살고 있는 인류는 몇 명이나 될까? '글쎄, 한 60몇 억 되지 않나?' 하고 생각하는 사람들이 많을 것이다. 세계 인구가 60억 명 정도라고 어릴 때부터 교육받아 왔고, TV나 신문 등 언론에서도 60억 명이라고 했던 것이 지금도 뇌리에 박혀 있기 때문이다. 하지만 2011년 10월 31일 세계 인구는 이미 70억을 돌파했고, 2016년 초 전 세계의 인구는 73억 명이 된다.

아래 사이트에 가면 주유소 미터기처럼 실시간으로 집계되는 인구 수를 볼 수 있다.

http://www.census.gov/popclock/

참고로 중국의 인구 수는 14억 명, 인도는 13억 명에 조금 못 미치며, 이 두 나라에는 통계에 잡히지 않은 숨은 인구도 엄청나게 많다.

한국의 인구 수도 이미 5천만 명을 돌파했으며, 미국은 3억2천만 명 정도다.

세계인구는 1900년대 16억 명에서 1960년에는 30억 명이, 2000년에는 60억 명이 되었다. 반세기도 되지 않는 시간에 인구가 두 배로 불어난 것이다. 그리고 현재는 73억 명으로, 8초마다 한 명씩 새로 태어나고 있으며 이 속도는 점점 더 빨라지고 있다. UN과 인구통계학자들은 2050년경에는 지구의 인구 수가 무려 100억에 달할 것으로 전망한다.

오늘날 굶주리거나 영양실조 상태에 놓여 있는 세계 인구는 10억 명에 달한다. 일곱 명 중 한 명이 굶주리고 있는 것이다. 기아는 인류의 역사만큼이나 오래된 걱정거리다. 굶주림은 수렵과 채집으로 살던 구석기 시대 사람의 가장 큰 문제였고, 이후 인류가 정착해 농사를 짓고 문명을 만들었어도 사라지지 않고 오히려 그 파괴력이 더욱 더 커졌다. 역사서와 신화에는 굶주림과 대기근 관련 기록이 가득하다.

20세기에 들어서야 식량 증산 혁명으로 사람들은 겨우 굶주림을 피할 수 있게 되었다. 하지만 73억 인류의 시대는 다시금 굶주림과 기근의 문제를 걱정하게 한다. 미래에 대한 낙관론도 점차 빛을 잃고 있다. 기후 변화와 이상 기온, 대 가뭄, 2차 냉전 시대의 도래로 생겨나는 국제 갈등, 녹색 혁명의 한계 등이 나타나고 있기 때문이다. 무엇보다 기하급수적으로 증가한 인구 자체가 가장 큰 문제다. 이것은 값싼 식량 시대의 종말을 넘어 심각한 식량 위기 문제로 다가오고 있다. 이제 불편한 진실을 파헤쳐보자.

식량 낭비

현재 10억 명이 굶주림에 고통받고 있다. 단순히 몇 끼 굶어 배가 고픈 정도를 떠나 심각한 생존의 위협을 받을 정도의 굶주림이다. TV에서는 유명 연예인이 바싹 마른 아프리카 아이를 안고 한 달에 3만 원이면 이 아이에게 영양식을 줄 수 있다며 호소한다. 신문에서는 내년 북한에 큰 흉년이 들어 식량난이 예고되어 있다며 또 다시 대규모 아사자가 나올 것이라고 우려 섞인 보도를 한다. 거리에서도 제3세계의 배고픈 아이들을 후원하는 후원자 모집을 쉽게 볼 수 있다. 이렇듯 세상에는 아직도 많은 나라 사람들이 가난과 배고픔에 고통받고 있으며, 아이들이 앙상하게 마른 채 굶주리고 있다고 말한다. 이 말을 들은 우리는 식량이 절대적으로 부족하기에 이런 가슴 아픈일이 생기는 것이라고 생각하게 된다.

하지만 믿기지 않는 불편한 진실이 있다. 세상에는 식량이 상당히 풍족하다는 것이다. 73억 인류를 전부 배불리 먹일 수 있을 만큼 많은 식량이 생산되고, 공급된다. 절대 식량이 부족하거나 없는 것이 아니다. 심지어 현재 생산되는 곡물의 양만 따져보아도 지구 상의 거의 모든 사람을 비만으로 만들 수 있다. 한 사람당 성인의 하루 섭취 권장량인 2000~2500킬로칼로리를 훌쩍 넘는 3500킬로칼로리만큼을 나눠줄 수 있는 엄청난 양이다. 더구나 이 계산은 가축과 생선, 달걀, 과일, 채소, 콩류, 감자와 고구마 같은 뿌리작물이나 견과류 같은 다른 식량 자원은 제외한 것이다.

우리의 생각과 달리 이렇게 많은 식량이 생산되는데도 지구 상에 굶주리는 사람이 계속 늘어나는 이유는 무엇일까? 문제는 생산과 유통, 소비 전 과정에서의 심각한 낭비에 있다.

식품의 상당수는 이미 수확 과정에서 제외된다. 못생기거나, 벌레가 먹거나, 색이 좋지 않거나, 일부 병들거나, 모양이 출하 규격에 맞지 않는 등 여러 기준에 부합하지 않으면 수확도 하지 않은 상태에서 폐기된다. 가령 오이가 아무리 크고 신선해도 길쭉길쭉하지 않고 휘어 있다면 포장과 미관 상의 이유로 상품이 되지 못한 채 버려지는 것이다.

이 과정을 넘어도 저장과 이동 과정에서 상당수가 세심하지 못한 관리 탓에 상하거나 물러져 폐기된다. 해외에서 수입된 바나나와 포도, 망고, 기타 외래 열대 과일이 유통 중에 얼마나 많이 물러지거나 시들어서 폐기되는지를 알면 놀랄 것이다. 전체 농산품의 25~30퍼센트 이상이 매장에 가기도 전에 폐기된다는 보고도 있다.

가공식품도 상황은 비슷하다. 소비자가 가공식품을 선택할 때 꼭 확인하는 권장 유통 기간도 식품 낭비에 일조한다. 권장 유통 기간은 가공식품회사가 정하는데, 법적인 문제를 피하고 소비를 활성화한다는 이유로 최대한 보수적으로, 짧게 잡는 편이다. 매장에서는 권장 유통 기간이 단 몇 시간이 지났다는 이유로 먹을 수 있는 많은 가공식품을 바로 버린다.

이 문제 때문에 정부와 식품회사에서는 권장 유통 기간 대신 '소비기한'과 '품질기한'을 추가로 표시하는 새로운 제도를 도입하려 하고 있다. 하지만 이미 일반 대중에게 권장 유통 기간은 안전하려면 넘지 말아야 할 선으로 뿌리 깊게 각인되어 있어 호응을 얻기가 쉽지 않다.

출하 및 가공과 유통 과정이라는 큰 산을 넘어 소비자에게 선택되어도 상당수가 요리 과정 중에 쓰레기통으로 들어간다. 물론 이렇게 힘들게 만들어진 요리도 상당수가 남겨져 음식물 쓰레기가 된다. 특히 국물 요리가 많고 손님에게 음식을 먹을 양보다 푸짐하게 많이 내놓는 것이 미덕인 동양권에서는 음식물 쓰레기가 심각한 문제다.

문제의 중요성을 인식한 서구권은 이미 행동에 나서고 있다. EU는 2014년을 '식량 낭비를 막는 해'로 정했고, 프랑스의 한 슈퍼마켓 체인은 '못생긴 과일과 채소 먹기' 캠페인을 벌이고 있다. 또한 글로벌 경제 위기로 직장을 잃어 먹고살기 힘든 저소득층이 증가함에 따라 도시 푸드뱅크 시스템이 활성화되고 있다. 전에는 사람들의 눈을 피해 도시 외곽의 한적한거나 외진 곳에 푸드뱅크 시설을 세웠지만 지금은 시내 곳곳에 냉동고를 놓아둔다. 근처의 식품 매장도 유통기한이 지난 가공식품이나 신선식품을 버리는 대신 거리 푸드뱅크 냉동고에 넣어둠으로써 이를 필요로 하는 사람들이 바로 꺼내갈 수 있도록 한다. 식품 낭비도 막고 배고픈 이들도 돕는 좋은 취지다. 그리고 2015년 12월 프랑스 의회는 자국의 모든 중대형 슈퍼마켓을 대상으로 한 '음식물 쓰레기 금지법'을 만장일치로 통과시켰다. 매장에서 팔다 남은 식품이나 유통기한이 임박한 식품을 자선단체에 기부해야지(혹은 동물사료나 퇴비용) 절대 쓰레기로 버리지 못하도록 의무화한 것이다

보다 적극적으로 식품 낭비를 막는 것을 실천하는 이들도 많다. 바로 프리건 족Freegan이다. 프리건은 '자유롭다free'와 '채식주의자vegan'의 합

성어로, 음식 낭비로 요약되는 소비자본주의, 물질주의에 반대하고 나름대로의 환경 정의를 실천하는 운동가나 사람들로서 버린 쓰레기 속에서 먹을 것을 주워 생활하는 사람을 말한다.

쓰레기통을 뒤져 먹을 것을 해결한다고는 하지만 거지나 부랑자는 아니다. 이들 대부분은 직업을 갖고 사회 생활을 하는 젊은이며, 단지 전 세계에 굶주리는 사람이 이렇게 많은데 충분히 먹을 수 있는 음식을 쉽게 버리는 것은 부도덕하다는 신념으로 스스로 고행을 자초하는 것이다.

식량 경쟁

두 번째 문제는 인간 외에도 곡식을 먹어치우는 다른 경쟁자가 있다는 것이다. 이 경쟁자는 바로 가축이다. 인간의 소득 수준이 향상됨에 따라 육류 소비가 증가한 데에서 그 이유를 찾아볼 수 있다. 몇 년 전, 구제역이 전국에 창궐했을 때 수백만 마리의 소와 돼지, 오리, 닭 등의 가축과 가금류가 포크레인으로 판 큰 구덩이에 산 채로 파묻히는 충격적인 장면이 뉴스로 보도되었다. 이 동물들은 구제역이 손쓸 수 없을 만큼 빠르게 퍼질 정도로, 공장처럼 큰 축사에 설치된 옴짝달싹할 수 없는 좁은 우리 안에서 빽빽하게 대규모로 사육되고 있었다. 지금도 상황은 별로 달라지지 않았다.

농장에서는 가축을 빠르게 사육해 출하하려고 옥수수와 단백질이 풍부한 콩을 사료로 준다. 마블링을 내거나 지방 함량을 높이려고 곡물 사료를 더 많이 먹이기도 한다. 이렇게 사료를 먹고 큰 닭은 부화 후 30일 전후에 출하되며, 그 사이 1.5~1.8킬로그램까지 급성장한다.

이제 푸른 초원에서 한가롭게 소가 풀을 뜯고 닭이 뛰노는 전원 풍경은 거의 사라졌다. 소와 돼지, 오리와 닭은 인간의 식량을 먹는 경쟁자가 되었다. 유럽에서는 곡물의 57퍼센트가 가축의 사료로 사용된다는 연구 보고도 있다. 이렇듯 지구 상에서 생산되는 곡물의 상당수가 가축 사료로 쓰이는데, 문제가 하나 있다. 곡물 사료의 효율, 즉 '단백질 전환율'이 그리 높지 않다는 것이다. 소고기 1킬로그램을 생산하는 데 통상적으로 곡물 8~9킬로그램 이상이 필요하다. 돼지고기는 그 절반인 4킬로그램, 닭은 2킬로그램의 곡물이 필요하다. 우리가 1인분의 쇠고기 스테이크를 즐기면 지구 어디선가 배고픈 이들이 2주일가량 먹을 만한 식량이 소비되는 것과 마찬가지다.

우리나라에도 자주 방문하는 유명한 경제학자 제레미 리프킨은 그의 책 『육식의 종말』에서 이 문제를 지적했다. "지구 상에 존재하는 12억8000만 마리의 소가 세계 토지의 24퍼센트를 차지하며 미국 곡물 생산량의 70퍼센트, 지구에서 생산된 곡물의 3분의 1을 먹어 치운다." 이는 전 세계의 굶주리는 13억 명의 사람들을 배불리 먹일 수 있는 양이다. 아울러 이 과정에서 막대한 축산 폐수와 오염물질이 발생하고, 소보다 훨씬 더 많이 사육되는 돼지와 양, 닭, 오리 등을 합하면 그 양은 더 늘어난다.

간과하기 쉬운 또 다른 문제는 식량 생산에 엄청나게 많은 물이 들어간다는 것이다. 쇠고기 1킬로그램을 얻으려면 1만6천 리터의 물이 필요하며, 돼지고기는 6천 리터, 닭은 4300리터의 물이 필요하다. 반면 쌀 1킬로그램을 생산하는 데는 물 2700리터가, 밀은 물 1100리터만이 필요하다(국가기술표준원 '물 발자국'). 게다가 작물 재배에 필요한 물과는 달리 가축 사육에 쓰인 물은 거의 그대로 독한 오폐수가 되어 환경을 심하게 오염시킨다.

현재 미국인은 1인당 연간 98킬로그램의 육류를 소비하며, 한국인은 그 절반 정도를 먹는다. 물론 앞으로 고기 섭취량은 더 늘어날 것이다. 생활 소득이 향상되면서 맛있고 기름진 각종 고기를 찾는 것은 어쩌면 당연할지도 모른다. 그러나 중동을 비롯한 세계 각지에서는 지금도 물과 식량, 에너지 때문에 전쟁이 일어나고 난민이 생겨나고 있다. 이런 상황은 앞으로 더 심각해질 것이며, 21세기 내내 물과 식량, 자원 전쟁은 끊이지 않을 것이다. 단, 앞에서 본대로 우리가 낭비하거나 버리는 음식물의 양을 절반만 줄이면 굶주리고 있는 사람들에게 먹을 것을 충분히 줄 수 있다는 것을 잊지 말자.

가축만 인간의 곡식을 빼앗아 먹는 것은 아니다. 놀랍게도, 기계도 인간이 먹을 식량을 먹는다. 현재 50달러 밑으로 폭락한 국제 유가 때문에 잠시 잊은 듯하지만, 확실히 바이오 연료는 식량 부족의 한 원인이다. 바이오 연료는 사탕수수나 옥수수, 감자 같은 곡물을 발효하여 여기서 알코올을 추출한 것으로, 자동차 연료로 사용한다. 우리나라에서는 여러 규제 때문에 보기 힘들지만 해외에서는 이미 대중화된 연료이며, 시장규모도 크다. IEA(국제에너지기구)는 세계 바이오 연료 시장 규모가 2015년 1510억 달러에서 5년 뒤인 2020년에는 2466억 달러

규모로 성장할 전망이라고 분석했다. 해외에서는 이 바이오 연료를 비행기 연료로 사용할 수 있도록 개발해 실전 테스트를 하는 중이다.

하지만 바이오 연료를 만들려면 많은 양의 곡물이 필요하다. 200킬로그램의 감자나 옥수수로 겨우 50~60리터의 바이오 연료를 만들 수 있다. 이는 자동차 한대 분의 연료이기도 하고, 한 사람이 1년 동안 먹을 수 있는 식량이기도 하다. 결국 바이오 연료 개발은 인도주의적 딜레마에 처할 수밖에 없다. 세계은행은 미국 옥수수 생산량의 3분의 1이 자동차 바이오 연료로 변환되고 있다고 밝히기도 했다.

다행히도 바이오 연료와 배고픈 인류 사이의 딜레마를 해결할 방법이 있다. 바로 식량을 제외하고 남은 것으로 바이오 연료를 생산하는 것이다. 고구마와 감자, 옥수수 대신 폐목재, 해조류, 농산 부산물, 커피 찌꺼기 등으로도 차세대 바이오 연료를 생산할 수 있다. 이제는 되도록 비식용 작물로만 바이오 연료를 생산하도록 세계적인 공감대를 형성해야 할 것이다.

식량 무기화

식량 위기의 시대

과거, 전쟁 시 적군의 식량 보급을 끊는 것은 전쟁의 승패를 가르는 중요한 작전이었다. 성과 도시를 포위하거나 심지어 국가 전체를 봉쇄하고 식량과 보급 물자를 차단하여 국민 모두를 고사시키는 작전을 진행하기도 했다. 이는 무기의 파괴력이 강해진 현대에도 중요 전략 중 하나로 꼽힌다.

2차 대전 때 독일은 네덜란드와 러시아 레닌그라드를 포위하고 식량 공급을 차단해 수백만 명의 도시민 전체를 서서히 말려죽였다. 미국 또한 수많은 잠수함을 동원해 일본 열도를 포위했다. 항구 주위에 기뢰를 부설하고 뚫고 나오는 모든 선박을 어뢰로 격침시키며 일본 고사 작전을 진행한 것이다. 나중에는 나무로 된 작은 돛단배나 어선도

격침시켰으며, 이 때문에 승조원 사이에서 어뢰 낭비 논란이 일기도 했다. 이 '기아 작전Operation Starvation'으로 70만 톤의 상선이 침몰하거나 피해를 입어 일본으로 들어오는 식량과 원유 수송이 뚝 끊겼고, 굶주림 때문에 일본 국민은 폭동 직전까지 갔다. 병자호란의 승패 역시 고사 작전으로 갈렸다. 남한산성에 갇힌 조선의 임금과 군사, 백성들은 45 일을 버티다 식량이 떨어지자 결국 항복할 수밖에 없었다.

전시에 적의 식량 공급을 차단해 굴복시키는 전쟁 방식은 현대 들어 좀더 세련되게 바뀐다. 주요 곡물 수출국인 강대국들이 전세계 식량 공급량과 가격을 통제하며 자신들의 힘을 보여주고 있다. 강대국 몇몇을 제외하고 식량 자립을 하지 못하는 대부분의 나라는 곡물 수입국이라는 틀에 적게든 많게든 종속되고 만다. 그리고 이런 상황은 실제로 현대사를 바꾸고 있으며, 우리 삶에도 큰 영향을 끼치고 있다.

2010년 8월, 러시아의 푸틴 총리가 러시아의 밀 수출 중단을 선언했다. 러시아와 흑해 연안 지역에 130년 만에 가뭄이 들어 곡물 생산량이 급감한 것이 그 이유다. 이에 쌀을 비롯한 다른 곡물까지 영향을 받으며 거래량이 줄었고, 세계적인 식량 가격 폭등이 시작됐다. 2015 년 현 시세의 대략 두 배 이상까지 폭등했다. 영향은 부국보다 가난한 국가에서 먼저 나타난다. 가난한 국가일수록 국민 소득이 낮고 식품 구입의 부담(엥겔지수)이 커 식품 가격이 오르면 더 큰 영향을 받을 수밖에 없기 때문이다.

문제는 중동의 여러 국가가 이런 상황이라는 것이다. 중동 쪽은 국민 대부분의 소득이 낮고 주변 환경상 식량 자립도도 턱없이 낮아 곡물 수입이 많을 수밖에 없다. 이집트는 연간 630만 톤의 밀을 수입하는 밀 수입량 세계 1위 국가며, 알제리는 6위, 리비아는 17위, 튀니지는 23위로 순위권 국가들이 중동에 몰려 있다. 이 국가는 밀로 만든 빵을 주식으로 먹으며, 정부는 빵 보조 프로그램으로 서민에게 빵을 아주 저렴하게 지급하고 있었다. 그런데 국제 곡물가가 폭등하자 정부의 지급이 끊겼고, 주로 러시아 쪽에서 밀 수입을 한 탓에 시중 가격도 폭등했다.

이후로는 우리가 아는 것처럼 혼돈스러운 나비효과가 나타난다. 굶주린 이집트 국민은 시위대가 되어 반정부 구호와 빵을 달라고 외쳤다. 주변국들의 상황도 마찬가지였다. 2010년 말 튀니지의 재스민 혁명, 리비아의 시민 혁명 등이 일어나 결국 각 나라의 장기 독재 정권을 타도하는 방향으로 이어졌다. 수십 년간의 장기 독재와 부정부패는 참을 수 있었지만 가족의 배고픔은 더 이상 참을 수 없었던 것이다. 이를 촉발한 것은 결국 국제 밀 가격 상승이며, 더 멀리 보자면 강대국의 식량 정책 때문이다.

이 국가들의 혼란은 아직도 끝나지 않았다. 오히려 시리아에도 영향을 주어 수년째 내전이 이어지는 통에 전국이 초토화되고 있다. 여기에 물 쟁탈전이 더해져 앞서 말했듯이 악명 높은 IS가 생겨나고 수백만 명의 난민이 발생하고 있으며, 전 세계로 공황이 확산되고 있다.

비슷한 사례를 아시아에서도 찾아볼 수 있다. 인구 수가 1억이 넘는 필리핀은 세계 1위의 쌀 수입국이다. 그러나 필리핀은 1970년대까지만 해도 쌀을 자급하고 남은 것을 수출할 정도로 쌀 생산량이 많았고,

국민들도 굶주리지 않았다. 그러나 농업 생산성 향상에 투자하지 않고 정부가 식량 자립을 포기하면서 최대 쌀 수입국이 되고 말았다. 결국 2008년과 2011년에 국제 쌀 가격이 몇 달 만에 두 배나 오르자 필리핀 국민들은 식료품 값 폭등으로 큰 고통을 겪어야 했다.

이렇듯 국제 곡물가 폭등이나 곡물 수출 금지 같은 식량 무기화 현상이 시작되면 여기에 의존하던 나라는 뿌리째 흔들릴 수밖에 없다. 이것은 실제 주기적으로 일어나고 있는 상황이며, 식량을 자급하지 못하는 국가는 여기에 정권의 명운이 걸려 있다. 특히 우리나라처럼 식량 자급률이 낮고 배로 식량을 해외에서 전부 수입하는 국가에게는 아주 중요한 문제다. 영국과 중국은 식량 안보를 국가 장기 발전 전략의 핵심요소로 명문화하고 있다. 우리나라, 우리 정부는 어느 정도의 절박함을 가지고 있을까.

한국의 식량 안보 위기

지금은 굶주림이나 배고픔에 대한 기억이 너무나 낯설지만, 앞서 보았듯이 우리나라에서 보릿고개가 사라진 것은 40년이 채 되지 않은 1970년대 후반이다. 그때까지만 해도 많은 사람들이 배가 고팠고, 먹을 것도 별로 없었다.

국력이 커지고 국민 소득이 늘어난 지금, 우리가 먹는 식량은 쌀을 제외하면 대부분 해외에서 사온 것들이다. 2012년 기준으로 한국의 곡물 자급률은 23퍼센트에 불과하며(사료용 곡물 포함), 쌀과 각종 먹을 것을 포함해도 식량 자급률이 겨우 45퍼센트다. 식량 수입이 갑자기 극단적으로 차단되면 국민의 절반이 굶어야 한다.

23퍼센트인 우리나라의 곡물 자급률은 현재 OECD 국가 중 최하위로, 식량 안보 문제가 심각한 수준이다. 만약 가뭄과 기상 이변, 혹은 정치적 이유로 국제적 식량 위기(곡물가 폭등, 수출 제한 등)나 식량 무기화 정책이 강행되면 국가가 대혼란에 처할 수 있을 만큼 큰 영향을 받을 것이다.

참고로 세계의 주요 식량 수출국 중 미국은 130퍼센트, 호주 229퍼센트, 프랑스 181퍼센트, 캐나다 180퍼센트로 우리와 비교할 수 없이 높은 곡물 자립도를 자랑한다. 최첨단 산업과 공업력을 자랑하는 강대국들이 농업과 식량 안보 면에서도 탄탄한 것이다.

우리나라의 곡물 자급률을 낮춘 주요 원인은 육류 소비 증가와 농지의 급격한 감소다. 고기 소비와 기업형 공장식 축사가 늘어나면서 사료 수입이 급증한 것이다. 국내 사료의 70퍼센트를 옥수수가 차지하고 있는데, 이 사료용 옥수수는 전량 수입품이다.

농지의 감소 추세도 너무 빠르다. 특히 우리의 주식인 쌀을 생산하는 논이 매년 급격히 줄어들고 있다. 2015년, 벼 재배 면적이 처음으로 80만 헥타르 밑으로 떨어졌다. 이는 전해보다 2퍼센트, 1만 6000여 헥타르가 줄어든 것으로, 2004년까지 연간 100만~108만 헥타르를 유지하던 것에 비하면 20퍼센트 이상이 사라진 심각한 상항이다.

농지 감소의 원인을 멀리서 찾을 필요도 없다. 현재 내가 사는 마을은 논으로 둘러 싸인 전형적인 시골 동네다. 수십 가구의 이웃이 농사를 짓는데, 이들 대부분이 70대 전후의 나이로 초고령이다. 여기에 쌀값 하락으로 고민이 깊어지자 그나마 젊은 사람들은 좀 더 수익이 더 난다는 블루베리 같은 대체 특산 재배로 업종을 바꾸기 시작했다. 젊은 자식은 있지만 대부분 시내로 출퇴근하느라 농사에는 크게 관여하지 않는다. 농사를 기피하는 것이다.

이런 상황이다 보니 최근 몇 년 간 주위 농지가 사라지는 것이 확연히 보인다. 논이 메워지고, 곧바로 그 위에 공장과 상가, 주택, 도로, 공원 같은 공공시설이 세워진다. 다른 농업인들도 주위의 이런 변화에 영향을 받아 농업을 포기하거나 농지 전환을 서두른다. 고향에서 한 평생 살고 있는 입장에서는 이런 최근의 급격한 변화가 두려울 정도다. 이런 방식으로 전국적으로 매년 1~2퍼센트의 농지가 빠르게 사라지고 있다.

농업계에서는 벼 재배 면적 80만 헥타르의 붕괴를 식량 안보의 심각한 위기로 여기고 있다. 벼는 주식이기 때문에 급속한 재배 면적 감소는 식량 자급률과 식량 안보의 직접적 위험 요소이기 때문이다. 2014년 현재 쌀 자급률은 95퍼센트다. 이는 2013~14년에 이르는 유례없는 대풍을 포함한 결과다. 하지만 2011년에는 홍수와 태풍 탓에 83퍼센트까지 급락하기도 했었다는 것을 잊지 말아야 한다. 매년 농지가 큰 폭으로 줄어들고 기후 변화로 기상 재앙이 몰아치는 통에 우리는 앞으로의 생산성을 장담할 수 없다.

몇 년 전에 이미 경험했듯이, 세계적인 곡물 파동 우려가 점점 더 커지고 있다. 더구나 그 주기가 7~10년 정도에서 최근 기후 변화 같은 요인 때문에 더 짧아지고 있다. 우리나라에서는 요즘 다시 통일에 대한 기대가 커지고 있는데, 갑작스러운 남북 통일은 우리나라의 식량 문제를 더욱 큰 문제로 만들 것이다. 굶주리는 2500만 북한 주민을 껴안아야 하기 때문이다.

'식량은 돈만 있으면 언제든 사올 수 있다'가 지금까지 우리의 생각이었다. 하지만 이런 안이한 생각은 경계해야 한다. 인간의 생존 필수품이면서 가격 탄력성이 큰 식량은 상업적 논리로만 쉽게 따져서는 안 된다. 세계적으로 급증하는 기상 재해 때문에 앞으로는 돈이 있어도 식량 수입이 어려워질 수 있다. 마트에서 정찰제로 물건을 사는 방식으로 국가 간 식량을 거래하는 것은 불가능하다. 이미 우리는 1980년에 냉해 때문에 일어난 대흉년 때에 국제 곡물사에게서 쌀을 2.5배 이상 바가지를 쓰고 구입한 전적이 있다. 몇 년 전에는 배추 한 통의 가격이 15,000원까지 폭등한 적도 있었다. 정부의 정책 인식 변화가 요구되는 상황이다.

특히나 우리가 먹는 밀과 옥수수 등은 99.3퍼센트 이상이 수입품이다(콩은 93퍼센트). 쌀 소비가 급격히 줄어드는 지금, 이런 의존율은 국제 곡물 시장의 이상이나 작은 변화에도 우리나라가 쉽게 흔들리거나 휘둘릴 수 있다는 것을 보여준다. 하지만 이렇게 말해도 일반 시민들에게는 그 의미가 쉽게 다가오지 않을 것이다.

어떤 사건으로 밀과 옥수수의 국제 가격이 단기간 내에 두 배가량 오른다고 간단히 가정해보자. 이는 우리가 주로 먹는 라면과 빵, 과자 같은 부식의 가격이 급상승한다는 의미다. 집이나 회사 주변 중국집과 분식집의 짜장면 같은 서민 음식의 값도 따라 오를 것이다. 또한 옥수수는 식용유의 주요 원료다. 많은 요리가 식용유를 필요로 하기 때문에 높아지는 식용유 값은 분식집을 넘어 전 요식 업계의 가격 인상으로 이어질 것이다. 옥수수가 가축 사료 주성분의 70퍼센트를 차지하고 있으므로, 축산 업계의 타격이 가장 클 것이다. 부도나 폐업을 선언하는 축산 농가가 급증하고 소, 돼지, 닭고기 값 역시 폭등할 것이다. 아이들의 학교 급식비, 직장인의 점심값도 따라 올라 주부는 양쪽에서 요금 인상 고지서를 받을 것이다. 국내 식당이 영향을 받는 것을 넘어 일반 가정에도 직접적인 타격이 나타나는 것이다. 엥겔지수가 상승하면 생활 물가도 오를 수밖에 없다. 이쯤 되면 사회적으로도 심각한 문제가 된다. 전국의 식당과 축산업이 급격히 위축되면서 실업자가 급증하고, 사회 불안이 야기되며, 이런 사회 분위기 속에서 소비가 다시 더욱 더 위축되는 악순환이 생기고 만다.

이는 실제로 중동에서 2011년 즈음에 일어난 일이다. 국제 곡물 가격 인상으로 식료품 값의 인상이 이어졌고, 물가 상승으로 시작된 시민들의 작은 시위는 점점 더 크게 번져나가 결국 유혈 사태로 이어졌다. 이후에는 우리도 잘 알듯이 정권이 바뀌었고, 여러 나라가 이것에 영향을 받아 많은 일들이 현재진행형으로 일어나고 있다

국제 식량 상인과의 대결

곡물 자급률이 23퍼센트에 불과한 한국은 연평균 1800만 톤가량

을 수입하는 세계 5~7위의 곡물 수입국이다. 이를 금액으로 환산하면 무려 9조 원에 달하며, 이 중 콩이 120만 톤, 옥수수가 800만 톤, 밀이 300만 톤 이상을 차지한다. 지금도 수많은 식량 수송선이 대양을 개미 떼처럼 줄줄이 오가며 식량 수송 파이프 라인을 만들고 있다. 우리의 식량 안보를 위협하는 또 다른 위험 요소는 이 시스템 자체에 있다. 이 시스템의 구조는 외국 현지의 식량을 적정 가격에 사 모아 임시 저장 시설에 저장한 후 전용 시설(엘리베이터)로 하역해 알맞은 배를 수배해 실어 오는 것인데, 이 과정을 전부 외국의 메이저 곡물 유통사에 의존하고 있기 때문이다.

전 세계 곡물 유통은 현재 'ABCD$^{ADM, Bunge, Cargill, LDC}$'라는 네 개의 곡물 유통 회사가 거의 장악하고 있다. 카길 사 하나만 해도 한국 곡물 수입의 60퍼센트를 담당한다. 우리나라는 이들에게 종속되어 있다고 해도 과언이 아니다. 하지만 식량 안보의 중요성을 인식한 중국과 일본은 자국 곡물 유통회사를 설립해 식량 수급과 안보에 총력을 기울이고 있다. 중국은 국영 기업 중량$^{中粮, COFCO}$을, 일본은 젠노, 미쓰비시, 미쓰이, 스미토모 등 일본 농협과 종합 상사 계열의 곡물 회사를 키워 국제 메이저 곡물 유통 회사와 싸우고 있다.

국제 곡물 가격이 급변할 경우, 이 메이저 유통사들은 시세보다 높은 가격으로 폭리를 취한다. 곡물 가격 자체도 선물^{先物}시장으로 구매자 중심의 가격 결정권이 없다. 국제 곡물상은 인공 위성을 포함한 발달된 시스템으로 가뭄과 흉작을 예상하고 곡물을 매점매석해 가격을 폭등시킨다. 믿을 만한 자국 곡물 유통 회사가 없다면 이들에게 항상 휘둘릴 수밖에 없다. 바가지는 물론, 비상시 곡물 수급 자체가 불안정해진다는 점을 명심해야 한다. 1980년도에 우리가 경험한 것처럼 말이다.

중국의 경우를 보자. 중국 정부의 전폭적 지원을 받은 중량中粮. COFCO은 2014년 세계가 깜짝 놀랄 만한 두 건의 큰 인수합병건을 성사시킨다. 2월에 연 매출 170억 달러 규모의 세계적인 곡물 업체인 네덜란드의 니데라Nidera를 사들인 것이다. 두 달 뒤에는 아시아 최대 곡물 거래 회사인 노블Noble도 사들였다. 두 유명 곡물 회사의 지분 51퍼센트를 인수하는 데 사용한 금액은 각각 14억 달러, 15억 달러인 것으로 알려졌다. 중량은 몇 배나 남는 장사를 한 것은 물론이고 자국 식량 안보의 확실한 발판을 만들어냈다.

이뿐만이 아니다. 우리나라의 하림과 비슷한 육가공 업체 쑹후이雙匯 그룹은 2013년 세계 최대 육류(돈육) 가공 업체인 미국 스미스필드 푸드Smithfield Foods를 48억 달러에 사들였다. 부채를 감안하면 실질적으로 71억 달러에 달하는 엄청난 규모다. 몇 달 후에는 호주 최대 육류 업체인 타브로Tabro도 인수했다. 전 세계가 놀랄 만한 무서운 흡입력이었다.

반면, 우리나라는 2011년 국제 곡물 유통망 사업에 어설프게 뛰어들었다가 큰 손해를 보고 빠진 경험이 있다. 제대로 된 준비 없이 정부 주도로 시작했다가 텃세와 알력에 뜨거운 맛만 보고 만 것이다. 현재 이 분야에 도전하는 유일한 국내 기업은 하림그룹이다. 하림은 연간 230만 톤의 사료를 수입하고 해운 회사인 팬오션을 인수해 국제 곡물 유통 회사를 선언했다. 정부도 다시 재도전 의지를 밝혔는데, 국가의 사활이 걸린 중대 사업이라는 인식을 갖고 장기적으로 차근차근 키워 나가야 할 것이다. 한국에도 언젠가 세계적인 곡물 유통 회사가 출현할 날을 절실히 기대해본다.

하지만 느긋하게 있다가는 골든타임을 놓칠 수 있다. 중국과 일본의 위세에 눌린 해외 곡물 메이저 유통사들이 방향을 돌려 한국에 진출하기 시작했기 때문이다. 2015년 11월, 세계적인 곡물 회사 카길이 1억 달러(약 1200억 원)를 투입해 평택 당진항에 사료 공장을 준공했다. 이 사료 공장에서 생산되는 사료의 양은 연 87만 톤으로 세계 최대 규모다. 국내 사료 생산 업계는 큰 충격에 빠졌다. 비상장 가족 기업인 카길은 보유하고 있는 자체 인공 위성으로 매일 전 세계의 곡창 지대 작황을 실시간으로 감시한다. 이렇게 확보한 빅데이터를 자체 슈퍼 컴퓨터와 분석 시스템을 이용해 가공한 자료를 기반으로 올해의 지역별, 곡물별 작황과 풍작과 흉작 및 가격 예측을 한다. 또한 역시 자신들만의 첨단 선적 시설과 수송 선박을 운영해 물류 운송비와 납기, 가격 면에서도 남들이 도저히 따라올 수 없게 만들어 놓았다. 전용 곡물 수송선만 무려 600척 이상이라 알려졌다.

2014년, 미국 경제 전문지 〈포브스〉는 전세계 비상장 기업 중 매출액 1위가 카길이라고 밝혔다. 카길은 매출액 1349억 달러, 한화로 약 160조 원 이상의 상상할 수 없는 매출과 수익을 내는 공룡이다. 이는 2014년 우리나라 한해 예산인 356조 원의 거의 절반이나 된다. 그럼에도 비상장 회사에 가족 경영이라는 모토 때문에 모든 것이 비밀에 싸여 있다.

이런 메가톤급 위력의 글로벌 회사가 한국 시장에 깊숙이 들어왔다. 이들의 첨단 시스템과 전용 장비, 막강한 자금력은 국내 회사와는 비교도 되지 않는다. 가격 경쟁이 시작되면 절대 버텨낼 수 없을 것이다. 이는 단순히 사기업 간의 시장경쟁 문제가 아니며, 우리나라의 식량 안보에 중요한 전환점이 될 수도 있다는 것을 우리는 인식해야 한다. 필리핀의 선례를 잊지 말아야 한다.

종자 전쟁

'농사꾼은 굶어 죽어도 종자 베고 죽는다'라는 속담이 있다. 일자무식한 농사꾼도 아무리 최악의 상황에 처하더라도 미래의 희망인 종자, 씨앗만큼은 소중히 보관한다는 말이다. 그런데 현재 한국 농업은 이 종자조차 제대로 간수하지 못하고 있는 것이 현실이다. 외국 종자 기업에게 거의 장악당했기 때문이다.

2008년 기준으로 세계 종자 산업 규모는 700억 달러에 이르며, 무게 대비 금보다 더 월등한 고부가가치 사업이라는 인식이 퍼지고 있다. 현재 세계의 종자 산업은 글로벌 10대 종자 메이저가 장악하고 있다. 미국의 몬산토와 듀폰, 랜드오레이크, 신젠타(스위스), DLF-트리포리움(네덜란드), KWS(독일), 바이엘(독일), 리마그레인(프랑스), 그리고 일본의 사카다와 다키이 등이다. 한국은 97년 외환 위기 때 흥농 종묘, 중앙 종묘, 서울 종묘 등 주요 회사 네 군데가 외국계 메이저 종묘 기업에 인수합병되었다. 현재는 NH 종묘, 동부한농, 농우바이오 등만

이 한국 국적 회사다. 우리가 자주 먹는 청양고추도 이때 몬산토에 인수되어 지금 우리는 청양고추를 로열티를 내고 먹고 있다. 이외에도 우리가 먹는 많은 식품의 종자 주인이 대부분 외국 기업이다. 해마다 막대한 로열티가 해외로 빠져나가고 있으며, 소비자는 이 로열티를 어느 정도는 부담해야 하기 때문에 그만큼 비싸게 사 먹을 수밖에 없다. 게다가 한국은 2012년부터 국제식물신품종보호동맹^{UPOV} 협약의 영향을 받고 있다. 종자 특허권이 강화되면서 앞으로 한국의 영세 농가가 10년간 해외에 지불해야 할 종자 로열티는 8천억 원에 달할 것이다.

문제는 여기에서 그치지 않는다. 기후 변화 때문에 생겨나는 식량 문제가 심각해질수록 종자 회사의 영향력은 더욱더 커질 것이다. 이들은 곡물 종자에 자기 회사의 영향력을 극대화하는 맞춤 유전자 조작 기술을 숨겨놓는다. 이 기술 중 식량 안보에 위협적인 것은 터미네이터^{terminator}(종자불임) 기술과 트레이터^{traitor} 기술이다.

전통적으로 농사꾼들은 제일 상태가 좋은 종자를 남겨두었다 다음 해에 심어 농사를 이어간다. 하지만 종묘 회사가 유전자 변형으로 만든 터미네이터 기술은 이것을 불가능하게 한다. 종자를 사서 파종한 첫해에만 정상적인 수확이 되며, 여기서 얻은 씨앗을 다음 해에 뿌려도 열매가 싹트지 않는다. 이를 모르는 농사꾼들은 1년간 열심히 가꾸어도 잎과 꽃만 무성해지지 열매는 전혀 달리지 않는다는 것을 곧 깨닫고 큰 충격을 받고 손해를 본다. 결국 매년 큰 돈을 들여 종묘 회사의 씨앗을 살 수밖에 없는 상황이 되어 종묘 회사에 영구적으로 종속당하고 마는 것이다.

트레이터 기술도 터미네이터 기술과 맥락을 같이 한다. 이 기술은 자사의 특정 농약을 뿌려야만 싹이 트고 병 없이 빠르게 성장하며 제초제를 잘 견디는 종자를 만드는 유전자 조작 기술이다.

현재 인류가 먹는 상당수의 식량 종자는 이미 특정 몇몇 글로벌 거대 종자 회사가 사유화했다. 이들에게 문제가 생기거나 이들의 지원이 끊긴다면 국내 농사꾼들은 다음 해에 심을 씨앗조차 구할 수 없을 것이다. 우리는 세계 10대 종자 기업 중 일본 기업이 두 개나 되는 것을 간과해서는 안 된다. 일본은 곡물 유통뿐만 아니라 종자 사업까지도 미래 식량 안보에 중요하다는 것을 간파한 것이다.

식량은 미래다

값싼 식량의 종말

2008년과 2011년의 국제 곡물값 폭등으로 인류는 새로운 위험을 엿보았다. 돈만 있으면 언제든 식량을 사올 수 있다는 생각이 틀렸다는 것을 인식한 것이다. 영국의 〈이코노미스트〉도 '값싼 식량의 종말 the end cheap food'이라는 기사를 통해 인류에게 심각한 식량 위기가 닥쳐올 것이라고 경고했다. 중국 등 신흥국의 폭발적인 식량(육류) 소비와 바이오 연료 생산으로 싼 가격으로 식량을 사기 어려운 시대가 될 것이다. 100년 전, 우리는 합성 비료와 살충제를 발명하고 이후 종자 개량과 유전자 조작, 농업 기계화 등으로 식량 증산 혁명이라는 기적을 만들었다. 하지만 근래에는 이조차 한계에 부딪혔다. 농업 생산성이 떨어지기 시작한 것이다. 또한 세계적으로 도시화가 진행되면서 농지가 급격히 줄어들고 있다. 인류를 번영케한 녹색 혁명도 지나치게 불어난 인구 수를 감당하기에는 역부족이었다.

중국의 식량 문제는 보기와 달리 심각한 상황이다. 중국은 넓은 국토를 가지고 있음에도 10년 전부터 많은 식량을 수입하고 있다. 인구 증가와 산업화로 인한 개발, 농지 사막화, 농민의 도시 유출 등으로 중국의 1인당 경작지 면적은 세계 평균의 절반도 안되는 1000제곱미터에 불과하다. 이 때문에 2012년에는 약 1,400만 톤, 47억 달러어치의 곡물을 수입했다. 사료용 곡물의 수입량은 무려 5,800여만 톤으로 더 어마어마하다. 중국이 세계 곡물을 거침없이 먹어치우고 있다.

부작용은 바로 나타났다. 중국 내 식량값, 식대 값이 매년 급등하고 있다. 이를 염려한 중국 공산당과 정부는 국정 과제 추진 전략인 1호 문건에서 식량 안보를 중요하게 거론하고 있다. 특히 2014년판에는 '식량 안전 보장 시스템 확보完善国家粮食安全保障体系'를 명시했다.

곡물 수출 대국인 미국조차 매년 경작지 규모가 빠르게 줄어들고 있다. 각종 개발 때문에 매일 농지 12제곱킬로미터(370만 평)가, 한 해에는 4400제곱킬로미터의 어마어마한 농지가 사라지고 있다. 또한 미 서부지역은 수년째 수백 년 주기의 극심한 가뭄과 산불이 발생해 수확량이 급감하고 농사를 포기하는 농가가 늘고 있다. 아울러 밀 수출 대국 중 하나인 우크라이나 역시 몇 년째 지속되는 내전과 러시아와의 대치로 상황이 좋지 않다.

식량 문제를 다루는 국제민간단체 '글로벌 하비스트 이니셔티브'는 최근 보고서에서 인류가 100억에 다다르는 2050년에는 지금보다 식량을 두 배 더 많이 생산해야 한다고 주장했다. 육류 소비 증가로 가축에게 먹일 사료용 작물까지 늘 것이라고 계산하면 인구 증가분보다 훨씬 더 많은 식량이 필요하다는 것이다. 현재 인류를 번영케한 녹색혁명도 거의 한계에 다다랐으며, 급증하는 자연 재해로 식량 가격의 변동이 점차 커지고 급등락의 주기도 짧아지고 있다. 이제는 값싼 식량의 끝을 넘어 식량 위기의 시대인 것이다.

2012년부터 이어진 시리아 내전은 국제 사회와 인류에게 넘어온 가장 큰 숙제다. 수백만 명의 난민이 식량난과 총을 피해 주변국으로 탈출했고, 그중 수십만 명은 바다를 건너 유럽으로 목숨을 건 탈출을 하고 있다. 지독한 내전으로 도시 전체가 폐허로 변하고 식량난이 극심해지자 이를 보다 못한 이슬람 종교 지도자들은 개와 고양이를 잡아먹어도 된다고 허용했다. 개, 고양이, 당나귀를 먹는 것은 이슬람 율법상 금지되어 있지만, 굶주린 사람들이 개와 고양이를 먹고서라도 살수 있도록 종교 교리와 신념까지 바꾼 것이다.

미래 식량? 인간 사료?

하지만 앞으로는 개나 고양이보다 더한 것들을 먹는 날이 올지도 모른다. 영화 〈설국열차〉에서 열차 맨 끝, 꼬리 칸의 하층민에게 식량으로 주어진 것은 바로 바퀴벌레를 갈아 만든 단백질 바였다. 반면 앞칸 1등석의 지도자와 귀족들은 맛있는 스테이크와 초밥, 신선한 달걀을 먹었다. 지금은 영화 속 상상에 불과하지만, 조만간 이것이 현실이 될 수도 있다. 벌써부터 여러 언론은 미래 식량으로 곤충이 좋고, 이를 식량 자원화하는 연구가 급속히 진행되고 있다고 끊임없이 보도하고 있다.

곤충의 장점은 많다. 단백질 함량이 육류보다 약 두 배 가까이 많으며 비타민과 무기질, 섬유질도 풍부하다. 사육하기도 쉽고, 가축보다 공간과 물, 먹이가 월등히 적게 든다. 더구나 축사의 지독한 냄새나 폐기물도 거의 없다. 귀뚜라미에서 같은 양의 먹이로 소의 열두 배나 되는 단백질을 얻을 수 있다. 꿈틀대는 애벌레나 곤충이 혐오스럽다고는 하지만, 이를 말려 가루로 분쇄해 과자나 시리얼, 영양 바 등에 섞어 넣으면 거부감 없이 다들 잘 먹는다고 한다. 그리고 2015년, 드디어 미국의 식품 유통 체인점인 스프라우트 파머스 마켓 등 대형매장에서 곤충으로 만든 단백질 바를 판매하기 시작했다.

어쩌면 곤충은 자원이 많이 드는 육류를 대신해 인간의 단백질원으로 사용할 최적의 선택일지도 모른다. 언론이나 영양학자들, 식품 회사에서는 잘만 가공하면 값도 싸고 귀한 단백질도 얻을 수 있는 훌륭한 미래 먹거리라며 곤충을 추켜세우고 있다. 하지만 역시나 살려고 곤충과 애벌레를 먹는다는 것은 썩 내키지 않는 일이다. 인간용 사료라는 느낌이 들기 때문이다.

인구의 폭발적인 증가와 식량 부족 사태가 지속되다 보면 결국 곤충이 인류의 주요 식량으로 등장할지도 모른다. 특히 난민이나 가난한 나라의 국민은 이런 곤충 식량을 주식으로 삼아 연명해야 할지도 모른다. 하지만 아무리 가공했다 해도 애벌레와 곤충을 반강제적으로 먹어야 한다면 시민들은 분노할 것이다. 중동에서 수십 년간 행해진 독재에도 버티던 시민들이 빵 값 인상에는 분노해 일어섰다는 것을 명심해야 한다. 우리는 안정적인 해외 식량선 확보와 국내 식량 자급률을 높이는 것이 얼마나 중요한지를 인식해야 한다. 그것도 지금 당장 말이다.

유전자 변형 식품GMO, Genetically Modified Organism 역시 간과하거나 외면할 수 없는 문제가 될 것이다. 현재 일반 소비자에게 GMO는 무조건 안 좋은 것, 피해야 할 것이라는 인식이 있지만, GMO가 세계 시장에서 차지하는 비율은 2007년 약 20퍼센트에서 계속 늘어나 2015년에는 50퍼센트를 넘어설 것으로 예상된다. 이미 한국에 수입되는 밀과 콩, 옥수수의 상당수가 GMO라는 보도도 있다.

GMO는 병, 해충, 제초제 및 가뭄에 강하다. 그래서 농사 일손도 줄어들고 제초제 및 살충제의 사용도 감소하는 등 부가적인 이점도 크다. 여러 연구 결과에 따르면 GMO 종자는 기존 종자보다 평균 20퍼센트 정도 생산성이 높다. 현재 우리나라뿐만 아니라 전 세계의 농촌이 고령화와 젊은 층 이탈 때문에 일손이 심각하게 부족한 상태다. 기존의 전통적 농업 방식으로는 앞으로 급증하는 식량 수요를 감당할 수 없다는 것이 중론인데, 여기에서 GMO는 지구촌 식량 위기를 넘길 대안 중 하나로 힘을 얻고 있다.

우리나 넘어야 할 산은 '장기적으로 GMO 식품을 먹어도 과연 안전할까', 즉 GMO의 안전성을 우려하는 목소리다. 실제로 이것은 일리가 있는 주장이기도 하다. 하지만 이런 문제가 있다고 GMO 식품을 외면하거나 무조건 배척해서는 안 된다. 해외 종자 회사들이 비밀스럽게 관련 특허와 기술을 독점한다면 우리에게는 어떤 선택권도 남지 않을 것이다. GMO 종자의 개량 수준을 제한하거나 안전 시험 기간을 명확히 하는 것, 그리고 부작용이 발생했을 때 회사가 피해 복구와 배상 등을 책임질 수 있도록 하는 명확한 법률 근거를 마련할 필요가 있다. 만약 우리가 이 문제에서 손을 놓아버리거나 관련 지식을 쌓지 않는다면 나중에 큰 문제가 발생해도 할 수 있는 것이 아무것도 없을 것이다.

현재 우리나라에서는 GMO 작물 재배가 이루어지지 않고 있으며, 관련 연구도 미미하다. 농촌진흥청은 물론 농림 축산 식품부와 식품 의약품 안전처 같은 국가기관에서 이 문제에 적극적으로 개입해 GMO의 안전을 검증하고, 관련 기술을 축적하고, 국내 종자 개발과 연구에 힘을 쏟아야 할 것이다. 우리에게는 수확량이 많고 가뭄, 냉해, 태풍에 강한, 그러면서도 안전한 한국형 벼, 고구마, 감자 등이 필요하다. 정부가 적극적으로 이를 주도하여 투명한 정보 공개와 안전성 문제만 해소해준다면 GMO 작물은 조만간 닥쳐올 미래 식량난을 극복하는 데 큰 도움이 될 것이라고 본다.

에필로그

최근 전 세계를 넘어 우리나라까지 기상 이변으로 인한 갖가지 자연재
해와 전쟁, 대형 사고가 급증하고 있으며, 피해 규모도 계속해서 커지
고 있다. 그간 나는 재난 생존 전문가로서 개인의 재난 생존법을 연구
해왔고, 전작 『재난 시대 생존법』을 출간하기도 했다. 하지만 연구를
지속할수록 대부분의 큰 재난에서 사람들의 생존 문제는 결국 먹을 것
으로 귀결된다는 것을 깨달았다. 재난 그 자체보다는 그 이후의 혼란
속에서 벌어진 식량난과 굶주림이 인간의 피해를 더 키운 것이다.

인간이 살아가려면 반드시 먹고 마셔야 하기 때문에, 어쩌면 이는
당연한 문제다. 대재난이나 전쟁 등으로 기존의 시스템이 멈추면 보
통 사람들은 곧바로 심각한 생존의 문제에 직면한다. 대부분의 집에
열흘치 이상의 먹을 것과 물이 준비되어 있지 않기 때문이다. 이처럼

일시적인 재난조차 서민들에게는 그 이상의 충격으로 다가올 수밖에 없다. 재난과 전쟁은 부자보다 가난한 자에게 더 가혹하다.

이를 인식하고 나니 개인의 생존법을 넘어 국가와 인류의 생존에까지 관심이 이어졌다. 그리고 과거 동서양의 수많은 재난 사례를 하나하나 찾아 모으고 정리하면서 초점을 기근과 굶주림에 맞췄다. 조사를 하다 보니 이것만큼 오랫동안 인류를 괴롭히고 큰 충격을 가한 사건이 없었던 것이다.

여기저기 널린 조각을 찾아 하나하나 퍼즐을 맞춰가는 과정은 힘들었지만 의외로 재미있었다. 현재 우리의 생활 양식과 과거 기근으로 생긴 역사적 사건들이 복잡하게 연결되어 있다는 것을 알아가는 건 희열이었다. 굶주림의 공포야말로 인간과 문명을 움직이는 강력한 원동력이었던 것이다. 하지만 우리 조상이 겪은 굶주림과 기근의 발자취를 추적하는 것은 고통스러웠다. 집안에 먹을 것이 다 떨어졌을 때 바싹 마른 아이와 노부모, 축 처진 아내를 보는 가장의 심정은 어떠했을까. 1인분도 되지 않는 먹을 것을 받아 자기 대신 아이들에게 떠먹이는 엄마의 마음은 어떠했을까. 남편이 한 달치 월급을 받아와도 이것으로는 겨우 보름치 쌀만 살 수 있다는 것을 안 아내의 마음은 어떠했을까. 집집마다 문을 두드리며 식량을 애걸하는 사람의 마음은? 내년에 심을 종자마저 꺼내 먹어야 하는 농부의 심정은? 약간의 먹을 것을 사고자 자신의 가장 소중한 것을 팔아야 하는 이의 마음은? 심지어 더 이상 고생을 시키고 싶지 않다며 아이를 팔거나 가족과 동반 자살하는 심정은?

결국 내가 간접적으로 느낀 고통과 고민은 4장 '역사'에서 끝날 책을 5장 '미래 편'까지 이어지게 했다. 과거를 배워 미래를 대비해야 한다고 생각했기 때문이다. 또한 앞으로 다가올 미래가 결코 장밋빛이지 않다는 것을, 혼란스러운 생존의 시대가 될 수도 있다는 것을 알리고 싶었기 때문이다.

실제로 한국의 현 상황은 심상치 않다. 우리의 식량 자급률이 턱없이 낮은데도 정부나 국민 모두 별로 심각하게 여기지 않는다. 돈만 있으면 언제든 필요한 만큼 해외에서 사 오면 된다고 할 뿐이다. 물론 이 방식은 경제적으로는 참 효율적이다. 그러나 위기는 항상 안심하고 방심하고 있을 때 불현듯 찾아온다. 2015년, 수십 년 만의 대 가뭄이 전국을 휩쓸었다. 학계는 우리나라가 대 가뭄 주기에 들어섰다고 밝히기도 했다. 이런 상황이니, 정부와 국가 지도자만큼은 최악의 상황을 염두에 두고 최소한의 대처법을 생각해두어야 할 것이다.

3장 '고난의 시대 – 흉년 식량' 편을 쓸 때 한 가지 고민이 있었다. 바로 식인(카니발리즘cannibalism) 관련 내용을 추가할 것인가 여부였다. 책 전체에서 인간이 최악의 상황에 처했을 때 간간히 식인 사례가 존재했음을 잠깐씩이나마 보여주었지만, 한 장을 할애해 좀 더 본격적으로 다루고 싶은 학문적 욕심이 있었다. 사람이 사람을 먹는 식인은 우리가 꺼리는 금기 중의 금기다. 식인의 역사는 우리의 생각보다 훨씬 더 다양하고 깊다. 20세기 초까지만 해도 지구의 외딴곳에 사는 부족민에게서 식인 문화를 찾아 볼 수 있었다. 식인 기록은 대기근 때를 비롯해 역사 기록 곳곳에서 나타난다. 빙하시대 말기, 멸종에 처한 구석기 인들이 동료를 잡아먹었음을 보여주는 유적이 최근 발견되기도 했다. 마야 아즈텍의 인신 공양도 사실상 부족한 식량을 해결하고 육류를 보충하는 식인이라는 의견이 지배적이다. 심지어 미국 초기 이민자들도 식량이 떨어지자 동료를 잡아먹었다는 기록과 유물이 발견되기도 했다. 2차 대전 중에 궁지에 몰린 일본군이 미군 포로나 위안부를 식인한 사건도 있다. 이를 자세히 들여다보는 것은 끔찍한 일이었다. 결국 뺄 수밖에 없었다.

4장 '역사' 편에서 최근의 소말리아 기근과 1960년 전후의 중국 문화 대혁명전 대약진운동 대기근, 2차 대전 중의 벵골 대기근을 다루지 못한 것이 아쉽다. 이 대기근들은 수백만 명 단위의 아사자가 발생한 대 참사였으며, 인류의 비극이었다. 특히 1960년을 전후한 중국 대약진운동으로 발생한 대기근은 수천만 명 아사라는 도저히 상상할 수 없는 단위의 희생자를 발생시키기도 했다. 환경적인 요인은 문제가 되지 않았다. 정치적 결정이 이런 참사를 불러온 것이다. 하지만 사정상 아쉽게도 접을 수밖에 없었다. 추후 기회가 된다면 이 내용 역시 다듬어 많은 사람들에게 알리고 싶다.

얼마 전, 국내에서 SF 영화 〈인터스텔라〉가 대 흥행하며 사회적 신드롬까지 불러일으켰다. 영화에서 근미래 인류는 가뭄과 환경 오염, 병충해 때문에 식량이 부족해져 종말의 위기에 처한다. 도시는 모래 폭풍에 뒤덮이고, 황량한 땅에서 재배할 수 있는 것은 옥수수가 유일하다. 환경 재앙과 식량난은 인간의 찬란한 문명까지 무너뜨리고, 결국 인류는 생존을 위해 우주선을 타고 우주로 탈출해 다른 살 곳을 찾아 헤맨다. 하지만 실제 우리에게 비슷한 일이 벌어진다면 영화처럼 간단히 지구를 떠날 수 없을 것이다. 좋든 싫든, 우리는 앞으로도 쭉 지구와 함께 해야 할 것이다.

계속 지구와 함께 하려면 인류 앞에 놓인 시험, 즉 인구 수 폭증과 환경 재앙, 식량 위기를 반드시 해결해야 한다. 이 문제들은 예고된 시한 폭탄이나 마찬가지다. '때가 되면 어떻게든 해결되겠지' 하며 마음 편히 있어서는 안 된다. 이것은 외국만의 문제도 아니고, 뉴스에서만 볼 수 있는 문제도 아니다. 조만간 우리의 현실에 여러 형태로 닥쳐와 우리 목을 조여올 문제다. 한반도에 살고 있는 7500만 한민족의 미래도 여기에 달려 있다는 것을 명심해야 한다.

마지막으로 사기에는 다음과 같은 말이 나온다

民以食爲天(민이식위천)

즉, "백성에겐 밥이 하늘이다"라는 말이다

어떤 의미로든 백성을 굶기는 나라는 몰락의 길로 빠져든다 이것이 지금까지 이 책이 한 이야기다. 국가 지도자와 정부도 이를 반드시 명심하고 뼛속까지 깊게 새겨야 할 것이다

참고자료

1942 허난 대기근
대기근, 조선을 뒤덮다
아일랜드 대기근
새로운 기아
쌀밥전쟁
엘니뇨와 제국주의로 본 빈곤의 역사
헝그리 플래닛
식량전쟁
굶주리는 세계
전쟁이 요리한 음식의 역사
총, 균, 쇠
대붕괴
왜 음식물의 절반이 버려지는데 누군가는 굶어죽는가
식량쇼크 – 값싼 식량의 시대는 끝났다.
먹거리반란
기아, 더 이상 두고볼수 없다
문명의 씨앗, 음식의 역사
탐식의 역사
날씨가 바꾼 세계사
우크라이나의 기적

열한살의 유서

음식의 제국

식량의 종말

문명의 붕괴

세계에서 빈곤을 없애는 30가지 방법

100억명

세상을 움직인 먹을거리

씨앗혁명

쌀의 혁명

시집가고 장가가고

일구사이(영화)

'레닌그라드 900일간의 전투'(영화)

위키백과 https://ko.wikipedia.org/

나무위키 https://namu.wiki/

KBS 글로벌 대기획 '요리인류'

채널A 이제 만나러 갑니다 (TV)

http://blog.naver.com/alsn76 (블로그)

이 책은 **따뜻한 북펀드**에서 후원을 받아,
아래 후원자님들과 함께 만들었습니다.

자기계발

주변이 섹시해지는 정리의 감각
잡동사니에서 탈출한 수집광들의 노하우

브렌다 에버디언, 에릭 리들 지음 · 신용우 옮김

우리는 필요없는 물건을 잔뜩 끌어안고 평생을 살아간다. 하지만 삶의 마지막 순간, 가장 중요한 것은 물건일까? 아니면 사람일까? '정리학자' 브렌다 에버디언과 에릭 리들이 40년간 온갖 물건을 정리하며 겪은 시행착오와 잡동사니를 효과적으로 다룬 방법을 공유한다.

그린라이트 스피치
이성의 가슴을 뛰게 하는 결정적 한마디

이지은 지음

호감 있는 자세, 목소리, 태도는 남녀 관계뿐 아니라 사회생활 전반에서 사용할 수 있는 매우 중요한 삶의 정수다. 호감 가는 태도를 유지하는 것은 남을 속이는 게 아니라, 호감 가는 사람으로 변하는 과정에 있는 것이다. 스피치 명강사 이지은 원장이 지금부터 호감 가는 사람으로 만들어줄 것이다.

미생, 완생을 꿈꾸다
토요일 아침 7시 30분 HBR 스터디 모임 이야기

정민주 외 지음

지금 하고 있는 일에서 보람을 찾고 싶다면? 하고 싶은 일과 할 수 있는 일의 조화를 꿈꾼다면? 조금 늦은 듯하지만 새로운 꿈이 생겼다면? 아직 방황하고 있다면?
여기서 길을 찾을 수 있을 것이다!

내가 정상에서 본 것을 당신도 볼 수 있다면
극한의 상황에서 깨닫게 되는 삶의 지혜

앨리슨 레빈 지음 · 장정인 옮김

희박한 산소, 영하 40도의 날씨, 멈추는 순간 찾아오는 죽음. 에베레스트 정상과 같은 극한의 상황에서는 조금 다른 판단이 필요하다. 미국 최초의 여성 등반대 대장이자 탐험가 그랜드슬램을 달성한 산악인 앨리슨 레빈이 정상에서 알게 된 삶의 자세를 진중하지만 재미있게 전달한다.

말하지 말고 표현하라
상대의 마음을 움직이는 건 진심의 목소리다

박형욱 지음

말 잘하기, 스피치 훈련, 프레젠테이션 기법은 많다. 하지만 진정한 자신을 표현할 수 있겠는가?
유창한 말솜씨가 아니라 진심을 담은 한두 마디의 '표현'이 마음을 움직인다.

내려놓기의 즐거움
삶과 사랑 그리고 죽음에 대한 놀라운 인생 자세

주디스 오롤로프 지음 · 조미라 옮김

직관의 말을 듣고 모든 것을 내려놓는 것은 절대 패배가 아니다.
그럼으로써 인생은 더욱 행복해지고 또한 승리하게 된다.

거의 모든 것의 정리법
거실, 자동차, 기저귀 가방, 지갑, 인간관계, 시간, 남편까지 당신이 찾는 모든 정리법

저스틴 클로스키 지음 · 조민정 옮김

헐리우드 스타들에게 정리의 비법을 전하는 기업, OCD 익스페리언스의 창립자 저스틴 클로스키가 말하는 거의 모든 것의 정리법. 사물, 시간, 공간, 관계까지. 정리를 하면 창조의 공간이 생긴다는 창조적 정리법을 확인해보자.

스티커빌리티
생각을 바꿔 부자가 되는 비밀

그렉 S. 리드 지음 · 박상욱 옮김

결과를 만든 사람들이 가진 단 하나의 공통점, 스티커빌리티
스티커빌리티『Stickability』는 인내, 끈질김, 그리고 머릿속에 박혀서 떠나지 않는 바로 그 생각이다.

인생을 바꾸는 네 가지 선택

리차드 폴 에반스 지음 · 권유선 옮김

투렛 증후군을 앓는 베스트셀러 작가 리차드 폴 에반스가 들려주는 삶의 노래.
풍요로운 인생에는 넘어야 할 네 가지 문이 있다.

디지털 세상에서 집중하는 법
디지털 주의 산만에 대처하는 9가지 단계

프란시스 부스 지음 · 김선민 옮김

혹시 스마트폰을 끄는 방법을 잊어버리지 않았는가?
5분에 한 번씩 메시지를 확인한다면 당신의 집중력은 지금 도둑맞고 있는 것이다.

린 토크
예의 바르면서도 할 말은 다 하는 대화의 기술

앨런 파머 지음 · 문지혜 옮김

예의를 지키면서도 빠른 시간 안에 본론으로 들어가는 대화법이 존재한다.
이것을 〈린 토크〉라 부른다. 대화를 시작하고 1분에 당신은 본론에 접어들 수 있을 것이다.

긍정으로 리드하라

캐서린 크래머 지음 · 송유진 옮김

'만약'이 '현실'이 되게 하는 것이 바로 이 책이 말하고자 하는 전부다. 모든 독자에게 하는 약속은 보고, 말하고, 행동하는 방식을 가능한 것, 긍정적인 쪽으로 바꿀 때, 더 멀리 갈 수 있고, 더 빠르게 행동할 수 있다는 것이다.

뉴요커가 된 부처
상사는 거지같고, 전 애인이 괴롭혀도, 부처처럼 걸어라

로드로 린즐러 지음 · 김동찬 옮김

바쁘고, 바쁘며, 바쁘기만 한 우리. 우리는 어떻게 나 자신을 발견할 수 있을까? 뉴욕에서 불심을 지키며 살아가고 있는 저자에게 내 자신 속에 존재하고 있는 '본질적인 선'을 발견하는 법을 듣는다.

즉흥 설득의 기술
진부한 영업멘트는 집어치워라

스티브 야스트로우 지음 · 정희연 옮김

우리는 식상한 영업 멘트에 얼마나 지쳤는가. 설득은 준비된 번지르르한 말이 아니라 경청과 즉흥적인 대화를 통해 이루어질 수 있다.

워렌 버핏의 위대한 동업자, 찰리 멍거
완벽한 가치투자란 무엇인가

트렌 그리핀 지음 · 홍유숙 옮김 · 이정호 감수

담배꽁초 같은 주식만 수집하던 워렌 버핏을 위대한 가치투자가로 새롭게 태어나게 한 장본인 찰리 멍거의 이야기를, 현재 마이크로소프트에서 근무하며 그 역시 현명한 투자가인 트렌 그리핀이 들려준다.

초보 사장 다국적 기업 만들기
누구나 따라 하는 글로벌 비즈니스

앤소니 지오엘리 지음 · 조미라 옮김

3면이 바다, 위로는 육지길이 막혀 있는 상태. 그야말로 섬나라다. 대한민국에서 사업을 성장시킬 수 있는 유일한 방법은 글로벌 비즈니스로 확장하는 것뿐이다. 그러나 어떻게? 글로벌 비즈니스 전문가 앤소니 지오엘리가 그 방법을 차례차례 알려준다.

이슬람 은행에는 이자가 없다
떠오르는 이슬람 금융과 샤리아의 모든 것

해리스 이르판 지음 · 강찬구 옮김

샤리아(이슬람 율법)는 이자를 받는 것을 악으로 규정하고 있다. 도대체 어떻게 이자도 없이 금융이 굴러가는 것일까? 샤리아에 의해 묶여 있던 이슬람의 돈을 움직이는 흥미진진한 스토리와 방법을 세계 최고의 이슬람 금융 전문가, 해리스 이르판이 생생하게 들려준다.

심플하게 스타트업
단지 세 마디의 휴지만 있어도 당신의 일을 시작할 수 있다

마이크 미칼로위츠 지음 · 송재섭 옮김

화장실에서 볼일을 시원하게 봤는데, 걸려 있는 휴지는 달랑 세 마디뿐!
그 상황이면 아마도 그 세 마디 휴지를 효율적으로 쓰기 위해 갖은 애를 쓰다가 결국, 어떻게든, 해결하고 화장실을 나올 것이다. 모든 일이 그렇게 시작한다.

어떻게 경영할 것인가
경영에서 반드시 부딪치게 되는 76가지 문제와 그 해법

제임스 맥그래스 지음 · 김재경 옮김

경영을 하다 보면 매우 바쁜 와중에도 문제는 발생한다.
그 문제를 해결할 실질적이고 효과적인 답변을 들을 수 있다면? 그것도 '지금 바로' 말이다. 바로 그 핵심질문에 대한 즉답!

실행이 전략이다
어떻게 리더들은 최저의 시간을 들여 최고의 성과를 얻는가?

로라 스택 지음 · 이선경 옮김

숨 가쁘게 빠르게 돌아가고 있는 비즈니스 환경에서, 전략만 세우고 있다가 시기를 놓치거나 유연하게 대응하지 못해서 기회를 놓친 사례가 얼마나 많은가? 효율적으로 전략을 '즉시' 실행으로 옮길 수 있는 최적의 방법을 소개한다.

패러독스의 힘
하나가 아닌 모두를 갖는 전략

데보라 슈로더-사울니어 지음 · 임혜진 옮김

우리는 비즈니스를 하면서 언제나 선택의 딜레마에 빠진다.
대표적으로 안정과 변화가 그것이다. 안정 "혹은" 변화가 아니다 안정 "그리고" 변화다. 패러독스를 관리할 수 있는 자가 "힘"을 얻는다.

당신은 혁신가입니까

성공한 CEO에게 듣는 기업문화 만들기

아담 브라이언트 지음 · 유보라 옮김

변혁의 시대에 혁신의 문화를 만들어내지 못한 기업은 도태되고 만다. 현재 가장 주목 받고 있는 CEO들에게 어떻게 창조와 혁신이 살아 숨쉬는 문화를 만들어냈는지 그 비법을 들어본다.

컨트라리언 전략

거꾸로 생각하면 사업이 보인다

이지효 지음

세계적인 경영컨설팅회사 베인앤컴퍼니가 대한민국 기업에게 제시하는 희망의 메시지. 진정한 창조경제의 힌트를 발견한다. 〈한국경제, 기회는 어디에 있는가〉 의 저자

모든 경영의 답

베스트 경영이론 활용 89가지

제임스 맥그래스, 밥 베이츠 지음 · 이창섭 옮김

경영 사상가의 위대한 이론이 이 작은 책 안에 고스란히 담겨 있다. 경제생활을 하는 직장인 모두에게 반드시 필요한 필독서다.

나는 즐거움 주식회사에 다닌다

즐거움이 곧 성과다

리차드 셰리단 지음 · 강찬구 옮김

회사의 목표는 수익이다. 하지만 당신이라면 일을 맡길 때 즐거움을 추구하는 팀에게 맡기겠는가? 아니면 수익만을 추구하는 팀에게 맡기겠는가? 즐거움이 목표인 회사를 만나보자.

온난화라는 뜻밖의 횡재

기후변화를 사업기회로 만드는 사람들

맥켄지 펑크 지음 · 한성희 옮김

자원, 물, 영토 전쟁이 시작된다. 기후변화와 함께 기회도 이미 시작되었다. 온난화로 대변되는 기후변화를 사업의 기회로 삼으려는 노력이 일어나고 있다.

해피 워크

행복한 직장의 모든 것은 직장 상사로 통한다

질 가이슬러 지음 · 김민석 옮김

훌륭한 상사가 훌륭한 직장을 만든다. 훌륭한 직장 상사는 어떤 평가를 받고 또한 부하 직원에게 어떤 피드백을 해주는가? 질 가이슬러의 행복한 직장을 만드는 워크숍을 따라 해보자.

광팬은 어떻게 만들어지는가

레이디 가가에게 배우는 진심의 비즈니스

재키 후바 지음 · 이예진 옮김

이 책은 새로운 것을 창조하거나 변화를 시도할 때 꼭 필요하다. — 세스 고딘, 『보랏빛 소가 온다』의 저자 믿고 지지해주는 광팬이 있다면 누구나 성공할 수 있다.

SNS 앱경제 시대 유틸리티 마케팅이 온다
정보가 보편화된 시대의 소비자와 마케팅의 본질적 변화

제이 배어 지음 · 황문창 옮김

뉴욕타임즈 베스트 셀러 왜 더 이상 광고는 통하지 않는가? SNS 앱 경제 시대 소비자는 어떻게 변했는가?
그렇다면 무엇을 해야 하는가? 마케팅의 본질을 흔드는 시원한 해법

빅데이터 게임화 전략과 만나다
로열티 3.0 = 동기+빅데이터+게임화 전략

라자트 파하리아 지음 · 조미라 옮김

뉴욕타임즈, 월스트리트 저널 베스트 셀러
글로벌 혁신 컨설팅 회사 IDEO 출신의 저자가 말하는 로열티 3.0

치열하게 읽고 다르게 경영하라

안유석 지음

사업이 성공하기 위해서는 A부터 Z까지를 갖추어야 하고, 이 책은 그 해답을 준다 책 · 생각 · 경험 · 이론을
읽고 사업을 변화시킨 사업가의 이야기

적게 일하고도 많이 성취하는 사람의 비밀

로라 스택 지음 · 조미라 옮김

칼퇴근 하면서도 야근하는 사람보다 일 잘하는 방법
더 적게 일하는 것이 낫다, 그러면 일을 더 잘 하고 집중력을 높일 수 있게 될 것이다.

존중하라
존중받는 직원이 일을 즐긴다

폴 마르시아노 지음 · 이세현 옮김

존중 받는 직원이 되고 싶은가? 그렇다면 이 책을 꼭 읽어보라
직원들이 진정으로 일을 즐기게 만들기 위한 분명한 조언과 지침을 제공하는 책!

▌청소년

소셜시대 십대는 소통한다

다나 보이드 지음 · 지하늘 옮김

네트워크화 된 세상에서 그들은 어떻게 소통하는가.
이해 못할 이들을 이해하게 해주는 힘이 이 책에는 있다.

십대의 두뇌는 희망이다
혼란을 넘어 창의로 가는 위대한 힘

대니얼 J. 시겔 M.D 지음 · 최욱림 옮김

십대는 단지 억누르고 스쳐 지나가는 시기가 아니다. 십대의 톡톡 튀는 성향은 인류가 가진 본능이며 이 본
능 덕분에 우리는 발전할 수 있었다. 이런 십대의 힘을 성인까지 유지할 수 있다면 우리는 또 다른 도약을 할
것이다. 아마존, 뉴욕타임즈 베스트셀러.

인문

당신의 아름다움은 얼마입니까
패션 모델이 말하는 아름다움의 가격

애슐리 미어스 지음 · 하윤나 옮김

애슐리 미어스는 뉴욕과 런던에서 '직접' 모델로 활동하며 겪은 경험과 수많은 인터뷰를 통해 패션계의 뒷모습을 적나라하게 보여준다. 이제 화려함과 부유함으로 가득 찬 패션의 이면을 들여다 볼 시간이다.

하버드 의대 교수 앨런 로퍼의 두뇌와의 대화
두뇌란, 질병이란, 정신이란 그리고 인간이란 무엇인가를 최전선에서 들려준다

앨런 로퍼 지음 · 이유경 옮김

도저히 있을 법하지 않은 일을 하루에 여섯 번을 만나야 하는 신경학과 병원. 의사의 의사가 말해주는 진짜 의사 이야기.

행복한 잠으로의 여행
잠에 대한 놀라운 지식 프로젝트

캣 더프 지음 · 서자영 옮김

우리는 꿈을 통해 객관적으로 경험해보지 못할 주관적인 경험을 하며 깨어 있는 삶에 대한 내성을 만든다. 또한 깨어 있는 동안 배웠던 지식과 그에 따라오는 감정을 자는 동안 곱씹으며 나의 것으로 만든다.

미치광이 예술가의 부활절 살인
20세기를 뒤흔든 모델 살인사건과 언론의 히스테리

해럴드 셰터 지음 · 이화란 옮김

아리따운 모델이 나체로 살해된다. 사건의 진실이 무엇이든 간에 선정성만을 노리는 언론은 정신없이 모여들어 그들만의 허구를 만들어낸다.

할인 사회
소비 3.0 시대의 행동 지침서

마크 엘우드 지음 · 원종민 옮김

제값을 주고 사면 왜 손해라고 느껴지지? 지금 온 세상은 세일 중이다. 그러나 그것이 진짜 세일일까? 이 책은 소비 3.0 시대에 올바로 찾아야 할 소비의 길과 세상의 게임이 어떻게 돌아가는지 보여 줄 것이다.

실패의 사회학
실패, 위기, 재앙, 사고에서 찾은 성공의 열쇠

메건 맥아들 지음 · 신용우 옮김

정당한 실패를 용인하는 사회는 어떤 발전을 이루었는가, 어떤 실수가 실패까지 연결되는가, 그리고 또 누가 넘어져서도 한 줌의 흙이라도 들고 일어서는가. 실패, 그 잔인한 성공의 역사를 살펴본다.

에세이

나는 아이를 낳지 않기로 했다
모든 여자가 어머니가 될 필요는 없다

애럴린 휴즈 엮음 · 최주언 옮김

이 책은 아이를 낳지 말라고 추천하는 책이 아니다. 아이를 낳지 않는 길을 선택한 인생도 무언가 부족하거나 올바르지 않은 인생이 아니라 오롯이 하나의 인생임을 15개의 에세이를 통해 우리에게 그저 보여줄 뿐이다.

세계의 문학가들이 말하는 남자란 무엇인가?

칼럼 매캔 엮음 · 윤민경 옮김

『속죄』의 이언 매큐언, 『연을 쫓는 아이』의 할레드 호세이니, 『악마의 시』의 살만 루시디, 『세월』의 마이클 커닝햄 등 80명의 문학가가 감동적이고, 미소 짓게 하고, 생각을 하게 하는 이야기를 들려준다.

내가 죽음으로부터 배운 것

데이비드 R. 도우 지음 · 이아람 옮김

사형제도에 대해 전 미국의 여론을 환기시켰던 사형수 담당 변호사,
데이비드 R. 도우가 이제 주변의 죽음을 바라보며 가슴을 저미는 삶의 이야기를 펼쳐 놓는다.

베어 그릴스의 서바이벌 스토리

베어 그릴스 지음 · 하윤나 옮김

영웅이란 무엇이며 생존이란 무엇인가.
베어 그릴스의 인생을 설계해준 위대한 '진짜' 생존 이야기들

섹스 앤 더 웨딩

신디 츄팩 지음 · 서윤정 옮김

〈섹스 앤 더 시티〉 작가가 털어 놓는 '와이프로서의 라이프' 결혼이란 사랑이자 현실이며, 또한 감동이다.
로맨틱 코미디와 같은 사랑을 꿈꾸는 사람을 위한 진짜 결혼 이야기.

여자들이 원하는 것이란

데이브 배리 지음 · 정유미 옮김

미국에서 가장 웃기는 사나이 데이브 배리의
아주 웃기고 쬐금 도움되는 자녀교육(?)과 자질구레한 이야기.

늑대를 구한 개
버림받은 그레이 하운드가 나를 구하다

스티븐 울프, 리넷 파도와 지음 · 이혁 옮김

허리 통증때문에 혼자 걷지도 못하게 된 변호사. 경견 장에서 쫓겨나 버림 받은 그레이 하운드.
화려했던 시절을 보내고 바닥에 내려앉은 두 영혼이 서로를 의지하며 새로운 삶을 개척해 나가는 감동 실화

저녁이 준 선물
아빠의 빈 자리를 채운 52번의 기적
사라 스마일리 지음 · 조미라 옮김

군인인 남편의 파병 기간 동안, 세 아들에게 아빠의 빈 자리를
채워주려는 한 주부의 기적 같은 저녁 식사 프로젝트가 시작된다. 전 미국인이 감동한 실화.

▍여행

서른, 우리 술로 꽃피우다
서른에는 무엇이라도 되어 있을 줄 알았던 두 여인의 전통주 여행기
김별 글 · 이경진 그림

서른엔 뭐라도 될 줄 알았던 두 여자는 동시에 소리쳤다. "우리에게는 술이 필요해! 다른 술 말고 우리 술!"
여행도 하고 술도 마시다 보면, 새로운 길도 보이고 답답한 속도 뻥 뚫릴 것 같았다. 이제 두 친구는 전국의
우리 술을 찾아 떠나는 여행을 시작한다.

재기발랄 일본 안내서
푸른 눈의 오타쿠, 일본을 그리다
애비 덴슨 글 그림 · 장정인 옮김

코믹콘 룰루상 수상자 애비 덴슨의 일본 대탐험. 우리가 지금까지 알지 못했던, 서양인의 시각으로 만나는
일본. 애비와 매트, 키티와 함께 만화와 행운의 고양이, 라멘의 나라로 독특한 여행을 떠나보자!

맛있는 베트남
생생한 베트남 길거리 음식 문화 탐험기
그레이엄 홀리데이 지음 · 이화란 옮김

베트남 길거리 음식의 대가 그레이엄 홀리데이가 우리를 덜덜거리는 작은 오토바이에 태우고 골목골목을 달
리며 다채롭고 향긋한 식도락 여행으로 인도해줄 것이다. 세계적인 셰프 안소니 브르댕의 찬사를 받은 베트
남 길거리 음식 총집편!

50년간의 세계일주
이 세상 모든 나라를 여행하다
앨버트 포델 지음 · 이유경 옮김

25세 때까지 한 번도 해외로 나가본 적이 없는 청년. 그는 '나라'로서 존재하는 전세계를 여행하겠다는 계획
을 세운다. 그야 말로 '진짜' 세계일주다.
지구상 모든 국가를 여행한 좌충우돌 돌진형 (이제는) 노인의 파란만장 여행기

악당은 아니지만 지구정복
350만원 들고 떠난 141일간의 고군분투 여행기
안시내 지음

스물두 살, 인생의 가장 아름다운 시기에 세상을 돌아보겠다는 계획을 세웠다. 은행에서, 카페에서, 그리고
주말엔 베이비 시터까지… 치열하게 노력했다.
영화처럼, 갑자기 악화된 집안 사정, 돈을 보태고 나니 남은 돈은 350만원뿐. 그래도 기죽지 않는다! 작은 발
로 뚜벅뚜벅 세계를 향해 나아간다.